Pensamientos arriesgados
(casi) todo Savater

Pensamientos arriesgados
(casi) todo Savater

Fernando Savater

Edición de
José Sánchez Tortosa

la esfera de los libros

Primera edición: septiembre de 2002
Segunda edición: octubre de 2002
Tercera edición: enero de 2003

Colección dirigida por
GABRIEL ALBIAC

Avenida de Alfonso XIII, 1, bajos
28002 Madrid
Teléf.: 91 296 02 00 • Fax: 91 296 02 06
Pág. web: www.esferalibros.com

Diseño de cubierta: Tau Diseño
Fotografía de cubierta: Bernardo Pérez
ISBN: 84-9734-075-2
Depósito legal: M. 988-2003
Fotocomposición: Versal AG, S.L.
Impresión: Cofás
Encuadernación: Méndez
Impreso en España-*Printed in Spain*

ÍNDICE

Los ojos del tiempo, Fernando Savater 11
Nota aclaratoria del editor 13

(Casi) toda la filosofía 19
Presentación de un autor menor 21
¿Para qué escribir? 23
Principios más o menos irrenunciables 25
La escritura o la vida 27
El escritor frente a su obra 29
El escritor responsable 31
El intelectual y el escritor 33
Gozos de la palabra 36
Estilo e ironía 41
Defensa de la contradicción 46
La tarea de la filosofía 48
La filosofía y el mundo 51
Enseñar filosofía 53
Filosofía contra religión 56
La identidad del filósofo 57
¿Qué razón? 59
La belleza de la filosofía 62
La muerte de la filosofía 64
Vivir sin razones 65
Placer y dolor 67
Preguntas sin respuesta 69
Diagnóstico sobre la salud de la filosofía 74

(Casi) toda la ética 83
El bien y el mal 85
Ética creativa 88
El puritano implacable 91
Ética universal 93
La acción humana 95
La Ley y la libertad 99
La virtud inventada 101
Voluntad ilustrada 104
Egoísta e interesado 106
La buena vida 109
La vida alegre 112
De ratones y leones 118
Ni pasado ni futuro 120
Nobleza interior 122
La violencia natural 125
Ética *versus* política 128
La ética viva 131

(Casi) toda la política 137
La revolución democrática 139
Diálogo e Ilustración 144
¿Iguales y diferentes? 146
La paradoja de la libertad 149
Contra los justicieros 156
El Poder y sus trampas 158
Individuo e individualismo 161
El Estado y la violencia 165
El voto útil y el voto inútil 171
La Opinión Pública 173
Los derechos humanos 177
Utopía: relato de terror 180
¿Neutralidad o beligerancia? 187
Izquierdas y derechas 189
La religión progresista 194
Mayo del 68 196

El Che, santo y mártir 201
La ceguera patriótica 204
Los temores de la globalización 206
La Naturaleza como dogma 209
El atractivo de la política 214

Lecturas y debilidades 221
Spinoza y la alegría de lo necesario 223
Voltaire: libre, comprometido y feliz 226
Edgar Allan Poe: desde las sombras 230
Jonathan Swift: la otra cara de Gulliver 233
Kafka: el animal más extraño 236
Schopenhauer: el pesimismo optimista 239
Nietzsche: solitario y blasfemo 244
Cioran: un exquisito de la amargura 248
Castoriadis o barbarie 253
Con Borges, sin Borges 256
Nabokov o el destierro como estilo 258
Lovecraft: lo fantástico indecible 261
El siglo de Groucho 264
Guillermo Brown, el proscrito 267

Aforismos 273

Bibliografía 281

Los ojos del tiempo

Asegura Joseph Conrad que un escritor debe medir su edad a partir de la publicación de su primer libro. Siguiendo este cómputo, estoy a punto de cumplir treinta y tres años. Admito inmediatamente que podía haber aprovechado mejor el tiempo, pero no creo tampoco haberlo perdido del todo. No he logrado hacer grandes cosas, pero he conseguido muchas pequeñas, lo cual tiene también cierto modesto mérito. Al empezar, uno cree saber más o menos lo que quiere; después de dar muchos tumbos ya no estás tan seguro de los objetivos y propósitos pero en cambio vislumbras cada vez con mayor claridad tus límites: es decir, lo que puedes. Se hace lo que se puede, recortando aquí y allá trocitos de lo que se quiere y añadiéndole parches tomados de la resignación o la torpeza. Así ha sido al menos mi caso... aunque probablemente no el de Shakespeare o Spinoza.

No creo que tengamos un alma inmortal, sino que más bien —como señaló Nietzsche— debemos conformarnos con muchas almas mortales. Descubro algunas de las mías pasadas, abandonadas como la piel translúcida que muda la serpiente, cuando releo viejas cosas mías con los ojos implacables del tiempo. El sutil tegumento dejado atrás es frágil y resulta especialmente quebradizo, pero lleva el mismo dibujo que veo en mi pellejo actual. Está claro que envejezco pero sería presuntuoso asegurarme a mí mismo que progreso. Cambia el énfasis, se dulcifica la retórica y se atenúa la petulancia, pero sigue saliendo a flote la misma voz, repitiendo los mismos amores y los mismos miedos. No me ha sido concedida la conquista de otra mejora que la de haber logrado disimular con más maña los sempiternos defectos.

La verdad es que lo que fui y lo que dije me interesan ya muy poco: sé que de un modo u otro voy a seguir repitiéndolo. Pero lo que a mí me interesa poco, porque estoy condenado a ello, a otro puede todavía resultarle curioso o apreciable. Y ese «otro», el que viene después, el que está llegando, sí que despierta mi curiosidad y hasta algo parecido a la ternura. Eso es lo que más aprecio en este recorrido por las almas abandonadas de mi vida: los ojos del tiempo que me miran y en los que me miro. El protagonista de esa mirada es José Sánchez Tortosa, desde una juventud y una perspicacia que le envidio y con una paciencia cómplice que le agradezco. Es él quien ha recorrido los materiales desechados, quien ha introducido en ellos un orden y un sentido, una vocación de trayectoria que no puedo discutir porque yo no soy ya dueño de lo que dije, sólo de lo que he callado, de lo que intenté y no me salió. Ahora debo contentarme con ser por una vez lector de mi lector.

Por mi parte sólo puedo decir que intentaré continuar porque ya es demasiado tarde para cambiar el paso. Bendigo al que me acompaña aunque me desmienta, aunque me rechace, siempre que no me deje del todo. Sería fatuo exigir más e hipócrita fingir que ni eso pretendo.

Fernando Savater
San Sebastián, julio de 2002

Nota aclaratoria del editor

El lector tiene en sus manos el producto de un viaje hecho de curiosidad y admiración; un viaje *en busca del tiempo perdido* —como lo son todos— por los vericuetos de una obra que se extiende a lo largo de más de treinta años, en los que caben análisis, provocaciones, propuestas, homenajes, burlas, aforismos, perplejidades, unas pocas certezas y bastantes dudas y, sobre todo, un incansable afán por provocar en el lector el placer de pensar; del que nace, justamente, la obra.

Lo que este libro se propone es hacer un recorrido heterodoxo por los escritos y los pensamientos que Fernando Savater ha ido desgranando durante todo este tiempo, deteniéndose en los aspectos más atractivos, más polémicos, más políticamente incorrectos, pero también en los de mayor agudeza y mayor rigor en lo filosófico o en lo literario. Esta labor ha permitido, al mismo tiempo, ir siguiéndole la pista a toda una generación que, desde los estertores del franquismo hasta la actualidad, ha tratado de batallar contra la realidad o adaptarse a ella por medio del pensamiento.

El principal criterio seguido para la selección de los textos ha sido el de un interés más bien subjetivo que, desde luego, no pretende ser universal, pero a su vez espera no caer en lo enteramente arbitrario. Ello sin olvidar la necesidad de incluir los asuntos más y mejor tratados por el autor, así como el intento de confrontar, cuando ha sido posible, pasajes muy distanciados en el tiempo que acercaran al lector argumentos diferentes y, en ocasiones, opuestos, con el afán de mostrar la riqueza de una obra que no se cree definitiva.

Cada pasaje seleccionado va precedido de una breve nota con la que el editor trata de aclarar argumentos empleados luego en el texto en cuestión, conceptos que el autor da por supuestos o los términos generales en los que el problema es planteado.

El deseo de los responsables de este libro es invitar a cualquier lector a acercarse libremente y sin complejos a la obra de Fernando Savater. Pero esta invitación debe ir acompañada de una advertencia:

Si se atreve a adentrarse en estas páginas recuerde que va a entrar en zona peligrosa. Muy probablemente, sus prejuicios e ideas serán sacudidos con la lectura de estos textos. Va a iniciar una aventura de la que no saldrá ileso. Después de ella ya no volverá a ser el mismo.

José Sánchez Tortosa
Zamora-Madrid, julio de 2002

Quisiera haber sido juntamente intemporal e históricamente válido, como suele pretender —casi siempre con excesiva ambición, ¡ay!— la filosofía.

Como tantas otras veces, me he limitado a hacer con subjetivo énfasis heroico lo que era irremediable.

Introito

Aquí no se predica ninguna nueva (o vieja, pero disfrazada) *creencia*. Sencillamente, se describe del modo más completo posible la *vivencia de la insumisión,* su sentido y su alcance último. Si estas palabras no fueran el residuo de una experiencia, carecerían totalmente de sentido; como carecen de sentido para quien no es capaz a ningún nivel de simpatizar con dicha experiencia.

De los dioses y del mundo, pág. 292

(CASI) TODA LA FILOSOFÍA

La filosofía ha sido el esfuerzo por
categorizar el conjunto de la vida
humana desde la perspectiva
de la verdad.
F. Savater

Presentación de un autor menor

Savater reclama para sí la f minúscula de filósofo, el que filosofa, admitiendo con modestia la falta de originalidad y solemnidad que se requieren para crear grandes sistemas teóricos. De ahí que prefiera a los pensadores que juegan con la profundidad de la ironía y el humor que a los Filósofos que se recrean en la gravedad de elevadas argumentaciones. Lo profundo *se encuentra en la distancia y en el carácter siempre abierto que el humor pone con respecto a la realidad. Lo* grave *se halla en la entristecida seriedad de quien no logra encontrarle al mundo más que lo lúgubre y lo mortificante, lo que no tiene remedio, ni sonrisa.*

* * *

Hace mucho me resigné a ser un autor menor, puesto que sólo me muevo realmente bien en los géneros menores. No me va la epopeya ni el tratado sino el esbozo urgente, el exabrupto, la nota aclaratoria. Funciono mejor mientras me dura el cabreo o el entusiasmo, es decir, todo lo más una tarde: lo que puedo escribir en ese lapso no saldrá del todo mal. Para componer un artículo me sirvo un whisky largo y enciendo un puro no muy grande: cuando me bebo el último trago y doy la última calada debo ya poner punto final. Si intento ir más allá, la voz se me retuerce como un gusano en el anzuelo y las ideas decaen, descangalladas. No vale. Hay que cortar por lo sano y esperar al día siguiente.

Libre mente, pág. 15

Alguna vez, creyendo ofenderme, han dicho de mí que yo no soy un filósofo, sino un periodista. A mucha honra. La verdad es que no soy un filósofo, sino un *philosophe,* con minúscula y si es posible en francés del ilustrado siglo XVIII. Cuando llegue el momento de separar el trigo de la cizaña, quiero que me envíen por indigno que sea junto a Montaigne, Voltaire, Camus o Cioran. Junto a Hegel o Heidegger me aburriría demasiado. Para ser filósofo no sólo me falta talento sino que me sobra guasa antisolemne o, si se prefiere, alegría escéptica. Suscribo plenamente lo que un tal Mr. Edwards comentó en cierta ocasión al Dr. Johnson, si Boswell no nos engaña: «Johnson, usted es un filósofo. Yo también traté en mi tiempo de ser un filósofo, pero no sé cómo la jovialidad siempre lo penetraba todo.» La jovialidad hace que uno se lo pase *divinamente* (a fin de cuentas la palabra *jovial* proviene del nombre del dios máximo en el panteón clásico), pero quizá cierra el camino para la más alta filosofía, que es cosa grave o al menos de pronóstico reservado. Afortunadamente en cambio esa jovialidad no me ha impedido ser periodista, hasta diría que me ha ayudado a serlo más irremediablemente.

Despierta y lee, pág. 16

¿Para qué escribir?

Considero que la filosofía
es un género literario.
F. Savater

El filósofo no dispone de más armamento que el lenguaje. Pero el lenguaje es, a la vez, su enemigo. Elegir el lenguaje como campo de batalla supone el esfuerzo por hacer aparecer en él sus límites, sus mentiras y sus omisiones por medio de la escritura, a pesar de saber que el mismo lenguaje que se utiliza está sometido a esos límites, mentiras y omisiones.

¿Quedan, ante eso, razones para seguir escribiendo?

* * *

La filosofía es, ante todo, una forma de *escritura*. Ignorar o minimizar esta característica descalifica a cualquier pensador. Supone, pues, una toma de postura *a favor de la palabra.* No es éste un compromiso ligero; hoy existen más razones que nunca para recelar de las palabras, despreciarlas, abandonarlas, sobre todo la palabra escrita o filmada que sufre todos los procesos de manipulación y desvirtuación que el montaje de la industria cultural impone: escribir es pactar con el diablo. ¿No es el Orden quien habla siempre a través de todas las frases que nuestra sedicente autonomía de «voluntad» nos dicta? ¿No decimos siempre lo que hay que decir, lo único que, en último término, podemos decir? ¿Hablar no es acaso *confirmar* siempre lo que hay? No son éstas objeciones desdeñables; a veces, sólo se les puede oponer la fidelidad a lo que nos da placer: escribo porque me gusta, porque me proporciona una extraña y quizá culpable plenitud que ninguna otra cosa puede darme ni hacerme olvidar... y porque me es dado suponer que esta *pasión activa* que, entre muchas páginas de relleno, escribe los pocos párrafos válidos a cuyo acecho se sienta uno a la máquina de escribir, ese algo máximamente subjetivo y empero impersonal que da espesor al texto, forma parte del conjunto de fisuras —o apariencia de tales— que, como el goce o la visión de la muerte, parecen cuartear el edificio de lo establecido. Evidentemente, no faltan las pruebas de que escribir es inútil o manipulable: faltan las de que esas características sean más acusadas en esa actividad que en cualquier otra.

Apología del sofista, pág. 11

Principios más o menos irrenunciables

Tal vez sólo la honestidad de su incoherencia podría constituir en la obra de Savater el impulso más que el punto de apoyo desde el que afanarse en pensar, sabedor de la insignificancia del saber humano, de lo precario de sus certezas, tanto más pobres y frágiles cuanto con mayor seguridad asumidas. Así, más que principios, son los rasgos mismos de su pensamiento y de su escritura lo que aquí se nos ofrece en confesión, rasgos que, más por su aparente oposición entre sí que a pesar de ella, alimentan lo más enriquecedor de su obra. El hecho de que algunos de ellos, o acaso todos, hayan sido tarde o temprano abandonados por el propio autor —o relegados a la curiosidad del erudito— nos recuerda tan sólo la necesaria y saludable infidelidad a sí mismo de la que se vale para no perder lo único imprescindible: pensar. No contradecirse *no es una preocupación teórica de Savater, ya que acaso la única certeza del filósofo es que siempre se está en peligro de errar.*

* * *

De todas formas, el lector es muy libre de simpatizar más con mis fórmulas pasadas que con las actuales. En cierto sentido, yo diría que es casi inevitable que lo disparatado resulte más simpático que lo verosímil: después de todo, la mayoría de nuestros errores provienen de querer creer lo que nos agrada o lo que nos edifica —por lo cual también pueden resultar gratos o edificantes para otros— mientras que nuestros aciertos son más inhóspitos porque se deben casi siempre al reconocimiento de una realidad frecuentemente insípida y desde luego invulnerable a nuestros caprichos. Pero, en fin, también este criterio es parte de mi pensamiento actual: el mozo que escribió los cuatro libros aquí avecinados no se hubiera dejado impresionar por él. Con todo, las líneas maestras que predominan en ellos siguen formando hoy parte de mi andamiaje intelectual, lo cual puede deberse más a mis limitaciones que a mi coherencia. Predomina antes y ahora en lo que escribo el individualismo voluntarista, el descrédito de la muerte y del sacrificio, la enemistad con cualquier unción eclesial, el atropellamiento jocoso de fuentes y razones, la negativa a desacreditar lo humano desde lo que no es humano, el fastidio antiautoritario, el ánimo conspiratorio que busca cómplices para luchar contra la tribu, la preferencia por el coraje y por el instante. Supongo que también entonces tenía como dogma la sencillez y como método la risa.

La voluntad disculpada, prólogo, pág. 12

En el fondo, algo más que mi peculiaridad subjetiva debe enlazar la exaltación del héroe y el rechazo de la identidad personal, la veneración del Padre y la lucha libertaria contra el Estado, el énfasis en lo irrepetible y la pasión de la igualdad, el ateísmo fieramente ávido de alcanzar sus últimas consecuencias individuales y colectivas y el reconocimiento jubiloso de lo sagrado, los afanes de la gloria y la piedad, la fatalidad trágica y el perpetuo desafío a la necesidad de lo necesario, la conjunta certeza de que toda aventura es solitaria y que toda tarea es social, el repudio de la utopía y el mantenimiento de la tensión utópica. Sé que una trama secreta conecta esas apuestas aparentemente irreconciliables, tal como sé que las islas de un archipiélago son solamente los picos de una misma cordillera submarina. Pero para descubrir ese macizo oculto hay que aprender a ver bajo las aguas, bucear hasta el fondo, irse a pique. Me decidí, pues, a *bajar*.

La tarea del héroe, prólogo, pág. 313

La escritura o la vida

La palabra es cifra de la
vieja enemistad del hombre con la vida.
F. Savater

En la escritura no hay posibilidad de cierre, nada clausura lo que se escribe porque ninguna palabra es la última palabra. *Esa apertura del texto es el resorte del que se sirve Fernando Savater para, de la mano de Bataille, establecer una caracterización de lo que pueda ser escritura. Y ésa es, también, la razón por la cual la literatura es ajena a lo moral: la literatura renuncia a la valoración, al juicio, al sermón, a las urgencias de lo cotidiano, es un* lujo *(Bataille), pero, en un sentido muy preciso,* un lujo necesario, *ya que es la posibilidad misma de la libertad, el espacio donde cualquier cosa es posible, sin efecto en la realidad.*

* * *

Se escribe para escapar, para remendar la vida; los telones de la escritura intentan postergar el dolor y la podredumbre que amenazan cada minuto de vida consciente; elegir la palabra es admitir que se ha entendido lo que subyace bajo cada uno de nuestros gestos estereotipados, pero que se opta por aplazar la violencia indefinidamente: se cumplirán todos lo actos que la crueldad dicta, se realizará todo lo prohibido *pero en el espacio fantasmal de lo narrado*. Todo se conserva, todo se evita, todo se oculta, todo se evidencia en el largo pesar de la literatura.

Apología del sofista, pág. 100

A los ingenuos que, aún hoy, se preguntan por cuál será el efecto deseable o indeseable que un libro puede causar en sus lectores, a qué acción puede arrastrar su lectura, la única respuesta lícita es: a escribirlo de nuevo.

Apología del sofista, pág. 100

El mal que trasparece en el texto literario no es el mal del juicio ético, sino el mal de querer ir más allá de la posibilidad misma de juzgar, más allá de la ética. La literatura busca lo que está más allá del juicio: la expresión; por ello debe declararse culpable frente a la acción (religiosa, política, administrativa) que sólo actúa a golpe de juicio. Expresión *versus* sanción: de esto se trata, nada menos, esto es lo *esencial.* Desde el plano de la moral, escribir siempre es pecado: «pecado frente a las inexcusables tareas del presente», «las urgentes denuncias que deben hacerse», «los amenazados ideales»... Escribir es negarse a, es una regresión; la literatura es la infancia finalmente recuperada, como dice Bataille, proporcionándonos así la más profunda definición de literatura que conozco.

Apología del sofista, pág. 128

Lo nuclear es descreer de la neutralidad de la escritura, subrayar que, en el campo de lo expresivo, no hay más revolución que la de quien no se conforma a los medios que se le dan, y así inventa o rehace un lenguaje con la estatura de su anhelo.

Apología del sofista, pág. 152

El escritor frente a su obra

La peculiaridad de la relación entre el escritor y lo escrito consiste en que, una vez concluida la obra, el paso del tiempo y de los sucesos hacen que el autor cambie, y que cambie también su visión de ella. De este modo, es como si la obra dejara de pertenecerle y, en ocasiones, revele que lo que se había pretendido con ella no es exactamente lo que se consiguió.

* * *

Ustedes recordarán el ensayo teórico en el que Poe explica la alquimia de sabias mezclas y cálculos según la cual compuso su célebre poema *El cuervo;* y tampoco ignorarán que tal ensayo que «destripa» la obra de arte es sencillamente un fraude pergeñado *post factum.* Lo primero fue el poema y luego vino su desmitificación aclaratoria; se debe a la ironía de Edgar Allan Poe el haber fingido invertir los papeles del orden creador. Por mi parte, no creo en la excesiva lucidez de los autores respecto a su obra. Borges dice que aprendió de Kipling uno de los trucos del buen narrador, a saber, contar las historias como si no las entendiera del todo. Me parece un consejo tan excelente que vale la pena seguir cumpliéndolo una vez concluida la obra. A fin de cuentas lo que cada uno puede saber de su propio texto no es mucho más significativo que lo que puede percibir cualquiera. La opinión de uno, además, está viciada por la permanente presencia mental de lo que realmente se quería conseguir: es desesperante que nos elogien aciertos involuntarios que uno estuvo a punto de suprimir y que nadie perciba el efecto cuidadosamente preparado para arropar el cual se escribió el libro. Y sin embargo, nada es estéticamente más justo, equitativo y saludable que este despegarse de la obra, abandonando el asfixiante invernadero de nuestros propósitos.

Sobre vivir, págs. 18-19

El escritor responsable

Savater distingue entre compromiso y responsabilidad, *identificando escritor comprometido con escritor que sirve a algo o alguien y que, por eso mismo, no se hace responsable de su escritura, que se debe a otro. La responsabilidad que reclama para el escritor no es la de* un compromiso político, *sino la de asumir el esfuerzo literario por contribuir al enriquecimiento del lenguaje y, por tanto, de la vida humana.*

* * *

Sería evidentemente gastar pólvora en salvas arremeter hoy contra la literatura comprometida, pues ya nadie se atreve a defenderla sin rebozo. La misma palabra *engagement,* compromiso, parece ya un tanto rancia y hasta desmovilizadora; «suena un poco como si tuviéramos que mantener una relación de empleados con ciertas cosas importantes», dice Elías Canetti en uno de sus espléndidos ensayos literarios reunidos en *La conciencia de las palabras.* En efecto, muy bien visto: el escritor comprometido se nos presentaba ante todo como a la busca de empleo. Empleo para él y empleo para la literatura. Pero en este sentido estrechamente laboral, la literatura desde luego no sirve para nada ni sirve a nadie. Su divisa es el luciferino *«non serviam»,* como expliqué ya en otra parte al hablar de la relación entre la soledad y la solidaridad del poeta. Y sin embargo, en modo alguno quiere decir esto que el escritor sea irresponsable. Algunos así lo quisieran, sobre todo entre los ex fanáticos pasados ahora al liberalismo o a cosas peores (si es que las hay); éstos tampoco entienden la responsabilidad más que como cobrar de una u otra nómina y cuando vociferan sobre libertad estética lo que reclaman es el derecho a entregarse al mejor postor. Con lanzar de vez en cuando una andanada contra la situación del escritor en Cuba y firmar un manifiesto a favor de los derechos humanos en Guatemala parece que ya no puede pedirse más en cuanto a la responsabilidad del escritor se refiere. Y sin embargo la responsabilidad es algo muy distinto, que se da en el texto literario mismo y no en los vaivenes políticos de su autor. Por eso escritores de posiciones políticas reaccionarias pueden ser infinitamente más responsables éticamente como escritores que otros de afiliación progresista. Aunque, y esto lo digo para los liberales, no basta con ser un cochino reaccionario para obtener ese certificado de buena conducta ética que, desde luego, no expenden tampoco en la Asociación de Escritores Soviéticos. La responsabilidad se sitúa en el texto mismo, digo, como una permanente resistente a la *trivialización* del lenguaje y del sentimiento que supone, a fin de cuentas, una trivialización de la vida misma. Es de la profundidad y complejidad de la vida de lo que es responsable el creador literario, pues toda simplificación unilateral, toda renuncia al enriquecimiento de las perspectivas y al mantenimiento de la posibilidad insólita frente a la corrosión de lo obvio favorece la tarea de la muerte. Y, como también dijo Elías Canetti, «no puede ser tarea del escritor dejar a la humanidad en brazos de la muerte».

Sobre vivir, págs. 21-22

El intelectual y el escritor

La diferencia entre un escritor y un intelectual radica en que el escritor se limita a escribir, mientras que el intelectual, además, *pretende influir con su escritura en la marcha del mundo, pretende que su discurso tenga un determinado efecto en la realidad de su tiempo. Por eso, la responsabilidad del escritor es puramente literaria, mientras que la del intelectual es,* además, *ética, porque valora, toma partido o, al menos, trata de contribuir a la aclaración de los acontecimientos de los que es espectador.*

* * *

El intelectual no es sencillamente un escritor ni tampoco un *artista* en el sentido más específico y rutilante de la palabra. Es algo más y algo menos: una combinación de portavoz y librepensador.

Se trata de un invento desesperadamente frágil, cuya paternidad quizá haya que atribuirle a Voltaire; y después vinieron el Zola del asunto Dreyfus, el Gide del *Viaje al Congo,* el Bertrand Russell pacifista y antinuclear..., el propio Sartre, durante la Resistencia, o frente a la guerra de Argelia o de Vietnam. (...) Digo «intelectual» y no «intelectual comprometido» porque esta última fórmula me parece un pleonasmo: los intelectuales se convierten en tales al comprometerse, antes son sencillamente escritores, filósofos, científicos, profesores, periodistas o incluso poetas. ¿Cómo va a ser «intelectual» un poeta salvo si decide comprometerse? Llamarle a alguien intelectual es exigirle un compromiso o afearle el compromiso que implícitamente ha tomado; declararse uno a sí mismo «intelectual» es anunciar que piensa intentar intervenir en la gestión de los negocios políticos del mundo. Sartre asegura: «Tengo a Flaubert y Goncourt por responsables de la represión que siguió a la Comuna porque no escribieron ni una línea para impedirla.» Él los mira ya como intelectuales y no solamente como a escritores, mientras que ellos ignoraron sin duda su comprometida situación de tales. Habla Sartre de la responsabilidad del escritor, pero a lo que quiere en verdad referirse es a la responsabilidad del intelectual; porque en tanto que escritor, no hay más que una responsabilidad, la de escribir bien, mientras que en cambio los intelectuales padecen ya responsabilidades ante la Historia, ante el pueblo, ante su propia conciencia cívica, etcétera... Si Flaubert y Goncourt sostuvieron que la represión de la Comuna no era asunto suyo, *en cuanto escritores* tuvieron razón, mientras que en cuanto intelectuales tiene razón Sartre en hacerles responsables.

(...) El escritor puede creer que canta con la libre espontaneidad del jilguerillo, pero la realidad es que se ve obligado a vender su canto por más o menos dinero para poder vivir: es decir, vive de cobrar deleites estéticos, lo mismo que la prostituta ahorra gracias a la venta de goces carnales. El escritor proclama que es libre y autónomo y que no tiene compromiso más que con su arte, pero para hacer públicas tales proclamas utilizará la televisión, los periódicos, las editoriales, las aulas y cualquier otra *institución* pública o privada de cuyos servicios pueda beneficiarse. Todo esto se me debe, dirá: los hombres no pueden vivir sin poesía, cumplo una función social. Así es: pero toda función social implica una responsabilidad política, cualquier servicio de utilidad ciudadana comporta una moral cívica. He aquí pues al poeta convertido en intelectual o responsable de su pretendida irresponsabilidad. El problema estriba en cómo enhebrar la responsabilidad con la creación: ¿escribirá sin otra preocupación que la de crear algo estéticamente satisfactorio, pues tal es su función social, y guardará sus actitudes de intelectual responsable para las horas libres?, ¿o convertirá su propia responsabilidad en el tema mismo de su obra, supeditando la creación estética a la exigencia de intervención ética? Aunque también pudiera creerse que sea imposible una estética de la que el ramalazo ético estuviese completamente ausente: en efecto, tan ético es el respeto al prójimo y la solidaridad como el desafío a lo establecido, el humor, la innovación, incluso el desorden que se rebela contra lo rutinario o la propuesta de una belleza cuya simple epifanía fustiga los horrores de una realidad manchada. En una palabra, el intelectual puede vivir su responsabilidad social de múltiples maneras: Flaubert y Goncourt, por ejemplo, pudieron imaginar que cumplían con la suya realizando su obra con una esforzada perfección en tiempos difíciles o incluso apoyando al orden burgués que en último término les alimentaba...

[...]

Hasta el final, Sartre luchó contra los errores de Sartre, sobre todo contra el error de convertirse oficialmente en Sartre. Fue un animador histórico de excepción y su mayor mérito estriba en que no sólo nos ayudó a acertar en mucho sino que también se equivocó generosamente por nosotros en ocasiones que quizá ahora sepamos evitar. Errores, aciertos: cada cual puede repartir los puntos como desee o como pueda. El propio Sartre le dio por adelantado respuesta, al escribir sobre una amistad perdida: «De todas formas, no nos creo demasiado culpables; hasta el punto de que a veces me sucede que no veo en nuestra aventura más que su necesidad: he aquí cómo viven los hombres en nuestra época; he aquí cómo se aman: mal.»

Sobre vivir, págs. 148-152

Gozos de la palabra

La pasión por el lenguaje, por la literatura, impone una particular forma de vérselas con el mundo. Todo se sufre y, fundamentalmente, se disfruta desde las palabras, a través de ellas. El lenguaje, como creación específicamente humana y social (pues requiere un grupo de individuos que compartan las mismas reglas gramaticales), es entendido, así, como fuente de liberación frente a las esclavitudes de la vida y de la naturaleza.

* * *

Supongo que la principal gran diferencia entre los tipos humanos no tiene nada que ver con la diversidad de razas, culturas o niveles técnicos. Es decir, se trata de una diferencia que atraviesa lo étnico, lo cultural o lo tecnológico. Hoy se da en todas partes y estoy seguro de que siempre ha sido así, en cualquier época a partir del neolítico, y creo que me quedo corto. La gran diferencia básica y fundamental es la que separa a los hombres para quienes la realidad está hecha ante todo de palabras de los que consideran las palabras como un reflejo o trasunto, a menudo engañoso, de lo auténticamente real. Estos segundos perciben cosas, advierten relaciones, experimentan sensaciones, tienen urgencias o pasiones y buscan palabras para dar cuenta de toda esta avalancha pujante, irrefrenable: a menudo, los nombres y expresiones que encuentran no les satisfacen, les parecen anémicos por contraste con la vitalidad apabullante de lo real que disfrutan o padecen, así como imprecisos o torpes ante la infinita gradación de sus matices. En cambio los otros, aquéllos para quienes las palabras son la realidad primordial y autoevidente, de la que derivan todo prestigio ontológico, todo perfil de ánimo y toda categoría cognoscitiva, se esfuerzan sin descanso por buscar entidades objetivas o subjetivas que estén a la altura de los términos cuya potencia invulnerable acatan: sin palabras todo es borroso e inerte; sólo por la palabra conoce el conocimiento y desea el deseo. Los primeros *hablan su vida* y los segundos *viven su habla*. Si no me equivoco, los dos clanes antagónicos se perpetúan desde las cavernas hasta nuestros actuales laboratorios y parlamentos...

Quienes pertenecen al clan de la palabra son adoradores específicamente de ésta, no de cualquier otro tipo de símbolo o de signo. Ni los números, ni las figuras geométricas o los gráficos, ni las banderas, ni los emblemas o jeroglíficos, ninguno equivale en punto a veneración a las voces verbales ni merece culto semejante. Bien mirado, nada se parece menos a una palabra que un número o que una de esas letras algebraicas que con tan preciso arrobo manejan los lógicos. Comparar una palabra con un número es como comparar una moneda de oro con una ficha de teléfono: la primera es rica por todo lo que sugiere; la segunda es útil sólo para una cosa y gracias a que encaja sin fallos en su ranura. Por supuesto, las sugerencias placenteras de la moneda pueden resultar atrozmente falsas o peligrosas, mientras que la humilde ficha telefónica no sabe traicionar y llegado el caso hasta es capaz de salvarnos la vida. Precisamente una de las posibilidades que despierta la moneda de oro es la de su *falsificación,* posibilidad que sólo a los muy paranoicos se les ocurriría ante una ficha de teléfono. El valor de la palabra es alto, ambiguo y frágil, mientras que el de los números es bajo, exacto y perpetuamente fiable. Por eso suelen falsificarse más palabras que números y más monedas de oro que fichas de teléfono.

Quizá a estas alturas ya sea innecesario confesar que, con todas sus miserias y todos sus éxtasis, pertenezco irremediablemente al clan de la palabra. Lo proclamo sin ningún tipo de orgullo porque se trata de la afiliación menos deliberada que imaginarse pueda. Aunque siempre he estado y sigo estando dispuesto a reivindicar la libertad como el rostro mismo de lo humano frente a todo determinismo, debo admitir por experiencia propia que el punto de partida vital se parece más que nada a un destino, lo que descarta cualquier mérito y evita también los remordimientos... al menos en ese primer nivel. Que la fatalidad me hizo verbal quizá lo advertí por primera vez un día remoto de infancia en la plaza Guipúzcoa, uno de los rincones urbanos predilectos de mi San Sebastián natal. Allí, en un minúsculo estanque, evolucionaban unos cuantos cisnes (ahora han sido sustituidos por patos, por aquello de que en Euskalerria todo va a menos). Me encantaba verlos deslizarse con mudo desdén sobre el agua oscura, especialmente cuando nadaban juntos de dos o tres en fondo. En una de esas ocasiones, se me vino a la cabeza como una revelación cierto verso de Rubén Darío perteneciente a un poema de genial cursilería que yo solía recitar entonces con resignado aplauso ante adultos complacientes: «Los cisnes unánimes en el lago de azur.» Lo repetí en voz alta y comuniqué la buena nueva al ama, a mi madre o a quien en ese momento estuviera conmigo: ¡Los cisnes son *unánimes* y no otra cosa! Probablemente no desperté ninguna emoción particular en mi auditorio, pero para mí fue como si el rayo fulminante de la palabra me hubiese derribado de una vez por todas del caballo de la realidad. A partir de entonces, los cisnes ya nunca volvieron a desplazarse con la brutal simpleza de lo fáctico por la superficie de lo real sino que transcurrieron por la palabra mágica del verso. Lo que siempre había visto adquirió garantía definitiva, se hizo auténtico. Lejos ya la placita de mi infancia, secuestrado aquel niño por la delincuencia del tiempo, desaparecidas las plácidas aves de entonces y mudada la bonanza del recuerdo, la tormenta y tormento, siguen sin falta los cisnes verdaderos, todos mis cisnes, navegando unánimes y nada más que unánimes por sus lagos de azur.

El entusiasmo por la revelación verbal proporciona el acceso a placeres jugosos y semisecretos, pero también impone bastantes limitaciones. Desde luego, ninguna imagen, ningún roce o caricia, me han hecho gozar con tan puntual intensidad como la milagrosa *adecuación* de ciertas palabras. Leer o escuchar una fórmula feliz me provoca auténticos retortijones sensuales.

El placer se hace tanto más intenso cuanto más condensado y escueto: sin desdeñar cadencias y ritmos de largo aliento, me quedo con las jaculatorias, las maldiciones y los epitafios. Se trata de un tipo de goces cuya delicia se ve aumentada porque algunos privilegiados los tendremos siempre a nuestro alcance, hasta en el peor potro de tortura, mientras que otros, dueños de millones, ladrando por los dictáfonos del poder, no los conocerán jamás. Refrigera con justicia poética recordar que algunos poseen palacios con tres piscinas, miden su grandeza por la eslora de sus yates, tienen a su alcance las criaturas más deseables y complacientes, peroran con autoridad en las cancillerías y en los consejos de administración, pero no sienten nada especial ante una frase de Borges o de Chateaubriand. ¿De qué sirve ser amo de medio mundo si cuando uno abre el pico habla como el *Reader's Digest* o el boletín oficial? Yo creo que el aburrimiento y la miseria, opulenta o andrajosa, de la mayoría proviene de su bloqueo natural para disfrutar con *metáforas*. (...) ¡Qué razón tenía el viejo y quizá pronto en España olvidado Aristóteles, cuando dice en su *Poética:* «Lo más grande con mucho de todo es ser dueño de la metáfora; es lo único que nadie puede aprender de los otros.»!

[...]

Si quisiera agravar aún más mi causa, les entretendría un rato con mi «pasión predominante» (que diría Leporello) por los juegos de palabras, los retruécanos de peor o mejor gusto. Cada palabra es sentido y sonido; a través de las caprichosas semejanzas de sonido, los sentidos se hacen guiños entre sí y superponen nuevas capas sonrientes de significado al entramado ya conocido. Es como si la lengua se sacase la lengua a sí misma pero para *entenderse* mejor. El abuso de retruécanos puede llegar a convertirse en una especie de vértigo, parecido a ese *mäelstrom* cuyo sumidero arrebata a hombres, bestias y cosas en el famoso cuento marinero de Poe. Las personas graves reprueban este mareante tiovivo verbal y a los que solemos abandonarnos a él: pero no siempre es aconsejable hacer caso de las personas graves porque, como las enfermedades graves, pueden llegar a ser fatales... La lección de los humildes retruécanos, por otra parte, no deja de tener trascendencia. En ellos aprendemos que entre palabras nunca podemos dejar de ser libres o, para dar gusto a Sartre, que cuando hablamos estamos condenados a la libertad. En efecto, el lenguaje es el verdadero y originario *contrato social* entre los hombres. Pero, a diferencia de todos los contratos posteriores que nos ligan y encauzan, es un contrato hecho para liberarnos de nuestra propia gravedad, de nuestro peso, de la materia que nos identifica entre sus rutinarios límites. Pese a ser un conjunto de leyes que orquestan severamente un recital arbitrario de bramidos, el *basso ostinato* que resuena como fondo de la lengua es siempre el mismo: «¡Escápate!, ¡más allá, más allá!» El lenguaje nos da derecho a ponerlo todo del revés.

Libre mente, págs. 307-312

Estilo e ironía

No poseo más verdad
que la verdad de mi estilo.
F. Savater

Es constante en sus primeras obras esa preocupación obsesiva (Savater dixit) *por el estilo, preocupación de la que acaba renegando. Y, sin embargo, el estilo en su obra no desaparece, sino que más bien bascula: en sus libros más tempranos el estilo consiste en tener un estilo más o menos marcado; en sus obras posteriores, el estilo de su escritura se esfuerza por no tener estilo o que éste apenas se note. En ambos casos, tal elemento de la escritura opera ligado a esa distancia —ese enfrentamiento— consigo mismo que Savater llama ironía. La ironía, herencia socrática, es cautela con respecto al propio discurso, ausencia de fundamento, de verdades inquebrantables, sólidas, macizas, potencia de un diálogo siempre inacabado, herido por sus propias preguntas al mismo tiempo que enriquecido por ellas, diálogo que no tiene fin ni finalidad.*

* * *

En el estilo trasparece la *vacilación* del sujeto en identificarse realmente con su papel, la *resistencia a olvidar* el carácter heterónomo de su condición, la *escisión* que le funda y constituye. El estilo posibilita la expresión y, justamente, exaspera la dificultad de hablar.

(...) El humor es puramente jubilar, no interpreta ni puede ser interpretado: es opaco o, mejor, completamente transparente; la ironía, idénticamente jubilar, guarda memoria de un proyecto que fracasa y de ahí su desesperación, aunque «desesperación cortés», como dijo Chris Marker: conserva su punta de moral, en suma, su nostalgia por el irremisible fin de la ilusión moral. El humor ya no tiene discurso: la filosofía *desemboca* en la risa, pero no llega a ser risa, o en el suicidio, pero tampoco éste es filosofía. Es su inevitable radicación en las palabras lo que aporta el elemento desesperado a la filosofía, lo que la tiñe de esa moral de la que *ningún* discurso está enteramente libre. La ironía es *júbilo* por la súbita revelación de que lo postulado como cerrado tiene desgarrones: cada carcajada es el silbido del viento entrando por una hendidura del sistema reputado inconsútil: el proyecto fracasa, la ley «natural» se muestra pura convención, el discurso cerrado, al cuartearse repentinamente, declara que nunca lo fue: aparece el *azar,* triunfante. Pero, igualmente, por la falla en la palabra, el filósofo aprende la verdad de su muerte, de su falta de asideros, soledad y desamparo, aprende que después no será, que no es ya, en un sentido fundamental. Risa y desesperación del filósofo, son su irónica lección de nadie por nadie, su estilo.

Lo opuesto a la ironía es algo que vamos a llamar Iglesia, entendiendo por tal ese discurso cerrado, total, que da cuenta de todo y sabe siempre lo que hay que hacer y por qué; discurso que explica, justifica y recomienda, que *sabe*. La Iglesia siempre es católica y ecuménica, totalizante, arca que *salva* del diluvio que ella misma predica, mientras el filósofo es un nadador que disfruta flotando entre la superficie y el abismo porque se sabe océano, tormenta y bonanza... Prefiere ahogarse en mar abierto a salvarse en la clausura de un arca.

La ironía es azar, gozo por la novedad, alegre horror de saber que todo es nuevo; insiste y reclama a cada momento la *diferencia*.

La filosofía tachada, págs. 152-154

El amante de la sabiduría se avecina junto al demente y aprende su método de éste; el filósofo se atarea en que no se pierda la lección del loco. El grito que Strindberg dirigió a

Nietzsche: *Telo, telo manenai* (Quiero, quiero volverme loco furioso), es el programa de una sabiduría, la plena aceptación del estilo filosófico. Pero la frontera entre el demente y el filósofo, aunque sea violada setenta veces siete todos los días por quien al zambullirse en el pensamiento tiene más interés en nadar que en guardar la ropa, existe indudablemente: el filósofo *no* es el loco y el Nietzsche de los últimos años ya no filosofa; situado más allá o más acá, exceso o defecto de pensamiento, el lugar del demente no es la filosofía. Una diferencia *radical* separa la ironía filosófica de la del enfermo mental: la *reversibilidad;* discurso permanentemente abierto, la ironía del sofista se vuelve sin cesar contra sí misma y contra su práctica, se autorrepele cuando parece que quería abrazarse; nadie puede *instalarse* en la ironía: llamamos loco precisamente a quien se ve encerrado en ella, a quien ya no es irónico *para sí mismo,* sin dejar de serlo para los otros. Ironizar, en tanto es un quehacer *cuerdo* (en un sentido, el único cuerdo), es siempre una práctica autoagresiva; de nuevo tropezamos con la movilidad al querer caracterizar la tarea del filósofo, saltos y danza ahora de quien, irónicamente, siega sin tregua bajo sus propios pies.

El filósofo no ha perdido la razón, ni mucho menos, como quisieran sus enemigos, ha renunciado a ella. La baza del filósofo es racional *hasta el fin;* pero no utiliza la razón para legitimar, sino para comprometer; los saberes no irónicos, sistemáticos, académicos, cientificistas, moralizantes, todo el conjunto de chantres que pretenden salvar al hombre de sí mismo acusan al saber trágico, a la filosofía, de irracionalidad: pero en verdad, quieren decir que da un uso no apologético a la razón, porque «el pensamiento es destrucción en su esencia. Más exactamente, en su principio. Se piensa, se comienza a pensar, para romper las ligaduras, disolver las afinidades, comprometer la armazón de "lo real". Sólo después, cuando el trabajo de zapa está muy avanzado, el pensamiento se domina y se insurge contra su movimiento natural» *. Se trata precisamente de conser-

* E. M. Cioran, *El aciago demiurgo,* Taurus, pág. 112.

var la razón, de transformarla, de utilizarla contra sí misma (ironía); frente a la razón unidimensional, tan «adulta» y plenamente sometida al principio de realidad, el filósofo quisiera ejercitarse en una razón perversa polimorfa.

La ironía es la palanca que trastoca todo lo sólido de la tierra sin tener ningún punto de apoyo.

La filosofía tachada, 6, pág. 162

La seriedad acostumbra a medir los frutos de su trabajo por el aburrimiento que éste le proporciona y expone sus logros, por decirlo con sus palabras, «sin preocupación literaria», sin advertir que, al renunciar al estilo, su texto adopta de inmediato la jerga del dominio, que es la única que queda a su disposición: el «producto intelectual» así obtenido cumplirá las previsiones del poder y desde el momento de su nacimiento tendrá un nicho esperándole en el camposanto de la cultura.

Apología del sofista, pág. 54

Cuando yo comencé a escribir, siendo muy joven, estaba obsesionado por la *voluntad de estilo.* No sé dónde había aprendido ese estribillo, ni tampoco creo que tuviese medianamente claro lo que quería decir con él, pero no se me caía de la boca ni del bolígrafo: «¡Lo importante es tener voluntad de estilo! ¡La filosofía académica carece de voluntad de estilo! ¡En el ensayo lo que cuenta es la voluntad de estilo!», etcétera.

Empezó a curarme de esta tontuna un adversario fortuito que, polemizando conmigo, observó con tanta sorna como acierto: «A Savater la voluntad desde luego no le falta; lo del estilo, en cambio, ya es otra cosa.» Y terminó por despejarme completamente una advertencia oracular de Verlaine: «Ante todo, evitar el estilo.» En efecto, quienes se esfuerzan por tener un estilo, quienes padecen esa *voluntad de estilo* que antaño me pareció tan esencial, escriben pendientes no de lo que quieren decir —muy bien pueden no querer decir nada—, sino sólo de los efectos idiosincrásicos que producirá en el lector su forma de decirlo. Lo principal para ellos no es que el destinatario del texto comprenda lo dicho y lo valore, sino que sea muy consciente de que lo ha dicho Fulano. Y por tanto la voluntad de estilo no será otra cosa que el empeño que pone Fulano en ser enormemente Fulano, ese Fulano que él supone que debe ser.

Despierta y lee, prefacio, pág. 13

Detesto lo barroco y los mallarmenismos de guardarropía, a los que casi nunca sacrifico, ni como escritor ni mucho menos como lector. La admirable dieciochesca madame du Deffand enumeró las tres propiedades del estilo que prefiero: *clarté, justesse et chaleur.* La claridad nos previene de esa glorificación del embrollo, frecuentemente banal, que pasa en filosofía por profundidad; la precisión ayuda a combatir la tan actual manía espontaneísta y divagatoria en los textos teóricos, así como la demagogia o la demencia «genial»; por el ardor se evita el aburrido neutralismo del sabio filisteo y se permite a la pasión reflejarse en el texto al que en último término anima. No se me oculta que estas preferencias que razono son sencillamente expresión de mi carácter y no una estilística universalmente válida. En algunos casos, incluso yo sabría defender y amar las cualidades opuestas.

La filosofía como un anhelo de la revolución,
prólogo, pág. 11

Defensa de la contradicción

Me tengo menos adhesión de lo que la
expresión pública de opiniones que hago
mías pudiera hacer pensar.
F. Savater

Savater reivindica como síntoma de salud intelectual la posibilidad de contradecirse a uno mismo. Así, identifica la obsesión por evitar la contradicción con los sermones, clericales o laicos, y con los dogmas que permanecen igual a través del tiempo porque no están sometidos a la tarea crítica de ser puestos en duda, de someterse a preguntas, de pensar.

* * *

Cierto amable señor de Úbeda, que me lee, aún más, que me estudia línea a línea con paciencia franciscana, suele atarearse en rebuscar antiguas frases o textos míos y enviármelos cotejados con pronunciamientos posteriores. Releo frecuentemente con gusto mis opiniones de ayer y me alegro de haberlas sostenido, pero aún me alegro más por ser capaz de tener luego otras, según me dicta mi tiempo y mi tempestad. Hay quien se toma tan en serio su no ser como otros su ser. (…) Lo que me aburre de ciertos negadores es lo mucho que se repiten; pero otros, aún peor, *me* repiten, intentando escribir ahora el artículo (…) que yo hubiera debido escribir... hace cinco años. Bien está: prefiero que me repitan otros a repetirme yo. El tiempo y sus tempestades cada vez me han convencido más de la oportunidad de aquella advertencia de Alejandro Herzen: «Contra los falsos dogmas, contra las creencias, por más delirantes que sean, no se puede combatir sólo con la negación, por sabia que sea. Decir "no creáis" es tan autoritario, y en el fondo tan absurdo, como decir "creed".» A fin de cuentas, todo se reduce a que hay una negación que es creadora y fiel a la vida, mientras que otra se hipostasia en el odio a todo lo que se mueve o en la hipocresía de exhibir repugnancias a cuya rentabilidad para componerse una figura no se es ajeno. Quizá no hace falta decir «no creáis» para combatir la más ciega de las creencias: basta con esperar y, aún más, basta con dedicarse a hacer. Es cierto que a veces el entusiasmo juega malas pasadas o parece un tanto indecoroso: lo exangüe queda siempre más distinguido, el abúlico o el estéril no tendrán dificultades en fingir perspicacia. Pero ahora quizá el tiempo exige atreverse a otra cosa.

Sobre vivir, págs. 308-309

La tarea de la filosofía

Filósofos: la primera obligación (hay varias,
a cual más graciosa) es ser incómodos.
Seriedad, divino tesoro, ¡vete a hacer puñetas!
F. Savater

La filosofía nace como una necesidad que el ser humano siente al saberse mortal. Pero, a pesar de nacer de esa condición efímera del hombre, no es un consuelo para esa angustia básica, ya que la filosofía no da respuestas *que den sentido a ese sinsentido, sino que destaca precisamente el lado absurdo de la existencia y, de modo irónico y burlón, se dedica a ridiculizar los discursos de lo establecido, a descubrir las inconsistencias y falsedades de la realidad, tan aparentemente consistente.*

* * *

Y es que la filosofía, si es tal y no puro crucigrama académico, puede ser un remedio contra la enfermedad mortal, pero siempre *excesivo,* cauterio más doloroso que la llaga a que se aplica, contraveneno aún más ponzoñoso que el tósigo que trata de combatir... En último término, la filosofía es indiscernible de la enfermedad que irónicamente pretende curar y más bien diríamos que constituye un estadio ulterior (y más grave) de dicho mal.

[...]

El papel medicinal de la filosofía consiste más bien en exacerbar el dolor hasta el límite, hurgar en la herida y agrandarla hasta que alcance el tamaño de todo, hasta que todo sea herida, a fin de que no se pierda ni una gota del dolor posible.

La filosofía tachada, 6, págs. 160-161

La necesaria autocrítica, tanto en quien escribe como en quien lee, debe cuidar de cuestionar constantemente los términos litigiosos, relacionándolos con el discurso en que se dan y no con otras posibles incidencias en contexto muy diferente; sobre todo, es preciso pasar sobre ellos con *ligereza,* sin aplomarse, utilizándolos como puntos de leve apoyo en una danza en la que lo importante no es el adoquín en el que el bailarín toma impulso, sino el brío mismo del juego de pies: y si alguien trata de parcelar el suelo o de constreñirnos a bailar siempre en el mismo sitio, será preciso un ágil salto y una radical infidelidad a nuestros apoyos anteriores. Nada más necesario que tener siempre presente la respuesta de Jean Cocteau a quien le preguntaba qué se llevaría de su casa, cuadros, cerámica, manuscritos, películas en que se había objetivado su polifacético arte, si en un momento dado todo ello se viese amenazado por el fuego: «Me llevaría el fuego.»

La filosofía se mantiene en el campo de la crítica, de la destrucción nihilista de las seudoafirmaciones totalizantes: el filósofo no puede afirmar, consolar, edificar, predicar, recomendar, exhortar... sin mentir y sin mentirse, a no ser que lo haga de modo irónico; carece de una sabiduría especialmente fundada que explique lo aún inexplicado del mundo y de los hombres, y debe contentarse con cierta habilidad especial para mostrar lo infundado de la sabiduría reinante: no es un explorador de tierras vírgenes sino un descubridor de espacios en blanco en los mapas que levantaron los demás. Pero su actitud responde a una búsqueda que no sabe resignarse a los dóciles campos académicos o literarios: los sistemas cerrados que torpedea no solamente tienen una entidad verbal.

[...]

No es que la filosofía se refleje en la vida de manera indirecta o que tenga una parte práctica y otra teórica: es un mismo movimiento que subvierte los hábitos verbales, mentales, corporales, sociales, sexuales, políticos, artísticos, religiosos, etcétera, sin solución de continuidad. Lo contrario es aceptar la división del trabajo, los compartimientos que acotan la vida y condenan la crítica a la banalidad.

La filosofía tachada, 6, págs. 178-179

El filósofo coge su bien allá donde lo encuentra, reúne sus materiales sin preocuparse excesivamente de su nobleza y le reconforta más conservar las diferencias que clamar desde el primer momento por la Sagrada Unidad del todo; pero, por otra parte, sigue reclamando cierta especificidad para su tarea, no en pro del mantenimiento de la división del trabajo, sino, precisamente, por ser *el único que no la admite*... En medio del explicable vacío y hostilidad —tanto más exacerbado porque todo el mundo recuerda haber sido filósofo en sus horas altas, y no se tolera que alguien pretenda serlo la jornada laboral completa— la función crítica intenta corroer la legalización añadida a los *hechos,* las supuestas legitimaciones de una parte de la realidad frente al resto, las demarcaciones en la contingencia, la exigencia —científica en apariencia, religiosa en el fondo— de inteligibilidad total, las limitaciones en las posibilidades de la vida: los objetivos «serios», los trabajos «sólidos», las situaciones «estables», los valores «eternos», las realidades «inmutables», los Reich «de mil años», las verdades «necesarias», las condiciones «objetivas», la filosofía «perenne»... El discurso filosófico negativo y demoledor, limpia de maleza el camino para la improbable afirmación del juego, el goce y el azar.

Límite de su discurso, el azar es su motor y su conquista. No hay cimiento más inseguro ni ideal más irónico.

La filosofía tachada, 9, págs. 201-202

La filosofía y el mundo

En la actualidad, el mundo ya no es interpretado directamente por los filósofos, sino a través de los medios de comunicación de masas. Por ello, la filosofía se ve en la necesidad de interpretar y analizar, no la realidad, sino el mensaje que nos llega de esos canales de «información», y, al mismo tiempo, intenta desautorizar las interpretaciones que desde fuera se imponen, aquellas que se pretenden definitivas, que no nacen del propio pensamiento de cada uno.

* * *

El mundo es interpretado hoy por la televisión, por la música, por el cine, por los periódicos. La visión de un teólogo muy elevado en el siglo XIV no era conocida por la mayoría de la gente, a quien le llegaba a través de la versión de su cura párroco que le presentaba un mundo con cuernos y llamas del infierno. Hoy las teorías de un gran científico que teoriza sobre el big-bang o las teorías de un gran filósofo llegan a la gente filtradas por esos otros canales de los que hemos hablado. Por eso cuando estamos convencidos de estar interpretando correctamente el mundo nos damos cuenta de que lo está interpretando la televisión, porque nosotros ponemos también en el mundo muchas cosas, ya que nuestra mirada de las cosas no es inocente. En realidad, nosotros encontramos en la entraña de las cosas aquello que hemos puesto en ellas. Yo creo que es importante saber que nuestra interpretación del mundo lo está condicionando al mismo tiempo. De ahí que creo que la filosofía tiene una función: ofrecer un determinado marco de coordinación de lo que conocemos, poner en contacto conocimientos éticos, científicos, todo un mundo de cosas inconexas que la filosofía intenta concentrar en la globalidad de la vida. Pero tiene también una función terapéutica: curarnos de las interpretaciones del mundo ajenas o impuestas. La filosofía tiene una función que no consiste tanto en responder a grandes preguntas, sino en rechazar ciertas respuestas, dogmas, supersticiones, trivialidades, imposiciones del poder, etc. Lo que se intenta a través de la filosofía es sacudirnos de encima errores que se imponen, obligaciones de codicia. Su función es quitarse ideas de encima y no sólo producirlas. A veces la persona inteligente entiende que frente al estúpido tiene menos convicciones y menos creencias que el tonto. El tonto tiene más ideas.

El arte de vivir, pág. 279

Enseñar filosofía

El profesor de filosofía no puede aspirar
a otra comunicación que la confesión
personal que relata la experiencia de pensar.
F. Savater

A partir de la distinción kantiana entre enseñar filosofía *y* enseñar a filosofar, *Savater avisa del peligro de basar la enseñanza filosófica en una crítica desprovista del apoyo de los contenidos que la historia de los pensadores y los sistemas filosóficos ofrecen. Desde ahí, el profesor de filosofía debería ofrecer al estudiante sus propias dudas y, sobre todo, los argumentos que las han provocado, para provocarlas también en el que le escucha, animando su capacidad para el pensamiento.*

* * *

Lo que más choca al alumno que empieza a interesarse por la filosofía, no ya en la universidad sino en el propio bachillerato, es que las preguntas que se hace el profesor de filosofía —representante para él de los filósofos de verdad— son siempre *falsas*. Es decir, son falsas preguntas, son preguntas de pega. El profesor nunca se pregunta nada cuya respuesta no sepa, que es la única forma de preguntarse algo en serio. Todo parece indicar que el representante de la sabiduría posee en primer lugar un repertorio de respuestas y luego les inventa las preguntas adecuadas; más aún: *la filosofía se convierte para el resignado alumno en un dispositivo por el que la indagación de la pregunta se desarticula automáticamente en respuesta.* No sólo la filosofía fabrica los corchos para taponar los agujeros que comprometen la tersura unánime de lo real, sino que se las ingenia para disponer siempre de un tipo de agujeros que segregan por sí mismos el tapón que los clausura. Y así volvemos a los males comparativos que tiene enseñar filosofía frente a los que tiene enseñar a filosofar. Enseñar filosofía es una tarea evidentemente mucho más dogmática y menos inventiva, pero puede ser paradójicamente mucho más abierta en lo tocante a estimular la originalidad del alumno. En efecto, si se opta por enseñar «filosofía», es decir, algo más o menos acabado, un conjunto de voces y documentos del pasado, un repertorio de noticias y textos célebres, unas cuantas anécdotas significativas, junto con algunas reglas de criterio diríamos estético que le hagan a uno alcanzar cierto «buen gusto» filosófico —discutible, naturalmente, como todo buen gusto— para discernir entre el Rembrandt teórico y el cromito piadoso de colores chillones, al menos se puede ser útil al neófito y descubrirle un secreto de importancia incalculable: que toda filosofía es *una* filosofía, pero que tiene que presentarse como *la* filosofía. El profesor se define al proponer un repertorio de verdades que tienen ante todo la coherencia biográfica del interesado, que él posiblemente confundirá con «el progreso del conocimiento» o el «desarrollo histórico del espíritu». Contará su verdad como la Verdad y así suscitará en sus alumnos menos modorros la sospecha de que el dorado objetivo que esta última representa oculta un equívoco en el mismo lugar donde el anhelo enfatiza. En una palabra, quien enseña abiertamente un *contenido,* cuya pretendida validez universal quizá ni siquiera es capaz de cuestionar, compromete ese mismo contenido con la incidencia de su particularidad: contagia a lo general de la individualidad por él representada y lo que vende como perenne queda marcado por su circunstancialidad transitoria. Esto es sano, me parece, es casi un sucedáneo aceptable de una verdadera *lección...* Pero los que insisten en enseñar a filosofar, en lugar de en transmitir filosofía, enmascaran de modo mucho más eficaz la parcialidad de sus objetivos, la forzada perspectiva de la que parten: los métodos se desligan con mayor facilidad de la identificación con quien los predica y parecen menos directamente implicados en la rigidez del contenido que acarrean. Su divisa podría parodiar a la de Heráclito: «Escuchadme no a mí, sino al

Logos (a la Ciencia, a la Historia, a la Investigación-Más-Avanzada...).» Malo era asestar a los alumnos un contenido sin crítica, pero sustituirlo por una crítica sin contenido no parece mucho mejor... amén de que la crítica suele contar con unos presupuestos tan rígidamente dogmáticos como el más exigente sistema pero más peligrosos porque inconfesados o incluso ignorados. Me temo que la transmisión más o menos descriptiva de un contenido, hecha con suficiente honradez o con los necesarios guiños al oyente, puede suscitar la reacción crítica de quien esté capacitado para ella, mientras que el pasar directamente a «filosofar» puede inhibir el funcionamiento escéptico en lugar de estimularlo. Al menos, se trata de una reserva que me parece conveniente apuntar.

Dos aspectos tiene la dificultad de enseñar tal como se quisiera eso de la filosofía. Uno responde a la materia misma y otro a la enseñanza como tal. Respecto a la materia filosófica, digamos que en realidad no es una disciplina *científica* en absoluto, sino un tipo de urgencia creadora-expresiva que se disciplina muy difícilmente. Al profesor le toca poco más que exhibirse filosóficamente ante los alumnos, seducirlos y provocarlos con su pavoneo especulativo: enseñar filosofía es hacer *strip-tease,* pero es sabido que no todos los *strip-tease* determinan la buscada potenciación erótica, habiendo otros que desembocan en la impotencia o la eyaculación precoz. Pero tampoco importa demasiado, pues para estos casos están las oposiciones... El otro problema estriba en la misma enseñanza. El alumno quiere capacitarse para ser filósofo oficial, pero suele exigir que no le pongan en peligro o, lo que es lo mismo, que le respeten la conciencia. El distanciamiento científico es útil a este respecto y una formalización a tiempo cura muchos vapores. La enseñanza es reproducción, no creación: pero la filosofía no puede reproducirse más que creándose y eso es difícil de reflejar en un plan de estudios «útil a la sociedad, a los oprimidos, a la alianza de las fuerzas del trabajo y la cultura» o cualquier pamema semejante.

Sobre vivir, págs. 27-30

Filosofía contra religión

La filosofía y la religión son de naturaleza radicalmente distinta. Mientras lo religioso ofrece respuestas definitivas, cerradas y, por tanto, consuelo ante la muerte, la filosofía se limita a preguntar y se ocupa, primordialmente, de la vida, como advierte Spinoza, en frase que a Savater le gusta citar: «El hombre libre en nada piensa menos que en la muerte, y su sabiduría no es una meditación de la muerte, sino de la vida.»

* * *

La religión promete salvar el alma y resucitar el cuerpo; en cambio la filosofía ni salva ni resucita sino que sólo pretende llevar hasta donde se pueda la aventura del sentido de lo humano, la exploración de los significados. Ni rechaza la realidad de la muerte —como el mito— ni se deja empapar desesperadamente por el miedo y el odio que de ella brotan: intenta *pensar* los contenidos de la vida y sus límites... ¡como si la vida misma nos fuera en ello! Y lo hace con tal denuedo que a veces provoca la burla o la sonrisa.

Las preguntas de la vida, pág. 279

La identidad del filósofo

¿Por qué abreviar en un yo la
pluralidad que pulula en mis noches?
F. Savater

En el contexto de un pensamiento inmanente, laico y ateo (a lo que aquí se refiere Savater con la expresión «tras la muerte de Dios»), se cuestiona la exigencia de un fundamento, de una base que dé sentido a todo, una identidad que justifique cada acto y a la cual poder recurrir cuando llegue la hora de pedir cuentas. Si nada en filosofía es definitivo, la identidad vendrá a ser únicamente una ficción, un artificio ilícito que pretende unificar una diversidad indomable.

* * *

Cada filósofo plantea un irresoluble problema de identidad; en vano se le cerca, se le acosa, se le exigen responsabilidades: las acepte o las rechace, su postura resulta siempre irónica. Es, inevitablemente, un *irresponsable*. No sabemos quién es el anciano que bebe la cicuta entre declaraciones misteriosamente ingenuas, ni quién es ese solemne rector de Berlín que un día temió volverse loco y que uno de sus alumnos identificó aterradamente como la muerte; ignoramos la identidad del pacífico asilado que firmaba «El Crucificado» y estaba enamorado de Ariadna, no menos que la del judío holandés que pulía sus cristales, en la inequívoca convicción de su eternidad. Más tarde, el filósofo tratará de explicar que su identidad no es más misteriosa que la de cualquier otro, precisamente porque toda identidad es igualmente imposible y misteriosa, desde el punto en que la muerte de Dios ha acarreado inmediatamente la muerte del yo responsable, que sólo su existencia garantizaba. El filósofo perdura hoy como enemigo de todas las construcciones teóricas que exigen una responsabilidad por las acciones que cada cual comete, o que se cometen a través de cada cual, y que pretenden sustentar tal responsabilidad en una base *inteligible;* si se quiere, se trata de una batalla en regla contra esa entidad, crecientemente desvaída, que se llama *cultura,* en tanto que tal entidad se considera indisolublemente vinculada a la noción de responsabilidad moral, basada, a su vez, en una noción estable de identidad que desconoce la *realidad pulsional* del hombre. Para no jugar en exceso a los iconoclastas, podría decirse que se preconiza una *cultura de la expresión* versus una *cultura de la sanción,* pero la palabra «preconizar» nos sumiría inevitablemente en un malentendido que quizá no interese de momento arrostrar. El Yo moral es una exigencia administrativa, construida para servir de soporte a la responsabilidad, en el marco de una cultura represiva incapaz de asimilar con vitalidad sus propias negaciones.

La filosofía tachada, 8, pág. 191

¿Qué razón?

Es la razón establecida la que nos impide
llegar a ser plenamente racionales.
F. Savater

Ante la crucial cuestión acerca de cuáles son los límites de la razón en el ámbito del pensamiento, Savater propone una caracterización de lo racional que lo aleja tanto de supersticiones y religiones de todo tipo como de una concepción puramente instrumental, según la cual, la razón es sólo un medio o instrumento para la obtención de fines muy diversos. La primera postura niega lo racional o lo excluye. La segunda restringe sus posibilidades, impidiendo que se enriquezca a partir de las contradicciones de la realidad, a las que se tiene que enfrentar, y a partir de su propio cuestionamiento, único modo de que el pensamiento no se estanque en mero sermón.

* * *

El irracionalismo no es mi fuerte, se diga lo que se diga. Abomino de esa forma de pereza, la imprecisión, o de esos discursos que no logran dar —ni darse— cuenta de sí mismos. Constatar la pérdida del pensamiento mítico y el abrumador incremento de la razón abstracta no es forzosamente preámbulo de lanzarse a improvisar una mitología privada, ni mucho menos comporta un abandono del razonamiento abstracto en cuanto tal. Por lo menos, no en mi caso. Soy aproximadamente lo contrario de un nigromante y carezco de los hábitos salutíferos del visionario o del poseso.

Acepto plenamente que mi medio es la razón pero no admito las limitaciones utilitarias o instrumentales de ésta. El malentendido es ciertamente anterior a Kant, pero en éste adquiere su estatuto cuasi-definitivo. Aludo a algo que va incluso más allá de la distinción entre entendimiento y razón. Se trata de constatar que el pensamiento en su acepción más honda e inequívocamente racional es fundamentalmente la transgresión lúcida de los límites de lo útil y lo decente. Lo racional no es lo razonable, como los filisteos quisieran. Pensar es la función inmanejable.

Digamos que pensar es agotar la contradicción de la cosa. Por eso es una función inmanejable, por lo infinita e inacabable. Pues nosotros nos agotamos antes de haber agotado la contradicción. Antes de haberlo completado, nuestro pensamiento se vuelve contra nosotros y nos destruye.

De los dioses y del mundo, pág. 259

Es imaginable y exigible una razón mucho más compleja, una razón perversa y polimorfa que no considerase el absurdo como algo ajeno a su gestión ni anatemizase el éxtasis por «improductivo»; una razón dispuesta en todo caso a volverse contra sí misma, contra sus principios «inmutables» y a recuperar todas las dimensiones de que ha prescindido a favor del aumento de producción y de la eficacia industrial.

Apología del sofista, pág. 166

Los grandes sistemas gnoseológicos son constantemente desmentidos por una realidad cada vez más ambigua, más «irreal» y, sin embargo, más y más racional, que no tolera las nociones inmutables *a priori* ni el rígido corsé de la lógica-ontológica aristotélica. Sin derivar hacia el irracionalismo, es preciso superar el racionalismo; para no perder contacto con la realidad, la ciencia contemporánea debe abandonar el realismo; la verdadera exigencia de rigor obliga a incluir en la nueva filosofía de la ciencia, junto a lo rigurosamente comprobado, lo que se anhela y lo que se sueña. Los días de los logros científicos irreversibles han pasado: éste es el irreversible logro científico de nuestros días.

Apología del sofista, pág. 153

La belleza de la filosofía

Savater trata de ir más allá de la distinción platónica entre arte y filosofía. Si la filosofía busca la comprensión objetiva de la realidad, y es ahí donde radica su belleza, también el arte a su manera busca esa misma comprensión, pero lo hace desde una subjetividad que no queda fuera de lo real y que decide la forma que esa búsqueda adopta.

* * *

Para Platón hay una clara contraposición entre el arte y el verdadero conocimiento, es decir la filosofía. En el arte predomina ante todo la personalidad hechicera del artista, mientras que la filosofía aspira a la realidad impersonal tal como es en sí misma, más allá de los arrebatos y caprichos humanos. Los artistas consiguen gracias a su capacidad seductora objetivar universalmente su mera subjetividad, mientras que la tarea del filósofo es apropiarse subjetivamente por medio del conocimiento de la universalidad objetiva. La belleza a que el filósofo aspira es la alegría que nos produce la realidad cuando la comprendemos con precisión matemática tras habernos purificado de nuestros deseos, no el estremecimiento morboso que halaga nuestras pasiones.

[…]

Sin embargo, a su modo, los artistas también exploran nuevas vías de comprensión de lo que existe. Sin duda parten de su peculiar forma de sentir y de los fantasmas de su interioridad, pero ¿acaso podemos excluir lo subjetivo de la comprensión total de la realidad, como si se tratase meramente de una ilusión superflua? Incluso las obras de arte que apuestan por lo fantástico desarrollan también nuestra percepción de las posibilidades de lo real y ofrecen sus alternativas ante lo vigente.

Las preguntas de la vida, pág. 232

La muerte de la filosofía

Parecen malos tiempos éstos para la filosofía y, por eso, como tantas otras veces, se habla de su muerte. Savater hace recuento de las causas de su agonía de final de siglo, entre las que merecen mención las disciplinas que de ella se desgajaron, los pecados de un academicismo alejado del mundo y la manipulación sufrida a manos de los discursos políticos que han marcado los tristes avatares del siglo XX. *Lo peor, sin embargo, es constatar la trascendencia de la noticia: si la filosofía, como tal, en nada modifica la realidad, ¿por qué habría de influir en ella su muerte?*

* * *

La filosofía ha muerto: *requiéscat in pace.* La mató su cariño no correspondido por la ciencia, el salvaje conflicto generacional que la enfrentó con las últimas de sus hijas, la psicología y la sociología, que abandonaron finalmente, como el resto de sus hermanas, la casa del padre; murió de una indigestión de nubes, de pedantería aguda, de una perpetua embriaguez de neologismos; no pudo sobrevivir, anciana como era, a los horrores de las dos guerras mundiales y al sutil espanto de la polución de las conciencias por la propaganda totalitaria. Poco tenía que decir o hacer ya en este mundo: entre todos la mataron y ella sola se murió.

Kaput. Muerta. Muy bien: ¿y qué? Absolutamente *nada.* Ni la más ligera ondulación en la superficie de lo real, ninguna salpicadura en la vida cotidiana.

La filosofía tachada, 1, pág. 91

Vivir sin razones

Savater emplea en sus primeras obras la noción de nihilismo filosófico: *un pensamiento que sólo ve la afirmación auténtica en la resultante de todas las negaciones («Negar es comenzar a posesionarse de lo silenciado por medio de la palabra»). Se trata de impulsar el rechazo de pretextos que den sentido al juego, al pensamiento, a la vida, porque lo verdaderamente hermoso —como todo juego, todo pensamiento, toda vida— no merece ser restringido, limitado, empobrecido o diferido por la vinculación a razones superiores.*

* * *

La pugna del nihilismo filosófico se entabla contra las justificaciones de la vida, sean trascendentes o inmanentes: *sólo vive afirmativa-activa-jubilosamente quien niega todas las razones de vivir*. Nada hay más difícil, nada más necesario: la vida de quien ha encontrado alguna *razón* es siempre una existencia *juzgada,* subyugada, resentida contra sí misma por la distancia que guarda respecto a su ideal, negadora de su propia claridad; la razón dilucida el jeroglífico que ella misma plantea y reduce el puro goce y el puro dolor a lenguaje. La filosofía nihilista utiliza el discurso del Yo, cuya estructura propia es la negación, contra sí mismo, mostrando lo que pretendía ocultarse, las potencias no discursivas que subyacen al discurso y afloran constantemente por las hendiduras de éste; la solidez del edificio racional se resquebraja por obra de la racionalidad misma, encarnizada en completar su tarea, y sólo mantiene una ficticia coherencia de invernadero el racionalismo cientifista que se niega a pensar sus orígenes o a prolongar su proceso hasta sus postrimerías. Cada palabra-razón de vida, urgida a buscar su fundamento o a taponar los agujeros abiertos por la crítica, se remontará a otra palabra, a una regla sintáctica, a entidades verbales más y más abstractas y reactivas, hasta abandonar la discusión frente al inevitable vacío que la sustenta, mientras quizá la Fuerza Pública interviene para hacer regresar al crítico al unánime redil.

[...]

Se niega para fulminar todo aquello que impide a la vida afirmarse libremente sin palabras: sólo cuando se han hundido todas las razones de vivir puede florecer el puro *gusto* por la vida.

La filosofía tachada, págs. 176-177

Placer y dolor

¿Cuál es la función que el dolor acaba adoptando en relación con el placer? El dolor no sólo acota el placer, sino que, además, lo encadena a un principio de realidad abusivo, abortándolo desde la raíz. Siempre presente en el momento placentero como su ineludible término futuro o su culpable origen pretérito —siempre sumiso al tiempo, en definitiva—, lo obliga a vincularse a otras realidades, trascendentes por estar más allá del propio placer y que, por medio de este recurso, lo dejan domesticado y progresivamente más vacío.

A esta concepción del placer, Savater opone el goce, *experiencia sin entidad moral (experiencia en la que el sujeto como realidad moral desaparece) que la sustente y, de ese modo, completamente ajena a todo lo que no sea el goce mismo.*

* * *

Conglomerado de todas las fuerzas reactivas, el principio de realidad desvirtúa el placer manteniendo despierto en el gozador el «yo moral», el sujeto responsable del disfrute: el placer aparece de este modo justificado racionalmente, como premio del laborioso productor al final de la jornada productiva. ¡Domesticado placer de sábado por la noche! El placer es algo consciente y adulto: las incursiones en la lejana perversidad infantil son escasas e insatisfactorias, acompañadas de sentimientos de culpa: «Si el Sr. Director me viera ahora, ¡sería el final de mi carrera!» Pero, sobre todo, el placer es visto como algo opuesto al dolor; el sujeto goza porque no sufre, pero no puede entregarse demasiado al placer, perder su identidad en él, porque todo exceso placentero desemboca en dolor: «Si vivimos para gozar, perderemos el empleo, qué comeremos, quién nos vestirá...» El dolor recuerda al sujeto que, incluso en el placer, su jornada laborable continúa, que por mucho que se refocile no deja de ser un empleado, que su primera obligación no es afirmativa, gozar, sino negativa, evitar el dolor: el principio de realidad reglamenta de modo tan eficaz su disfrute que de placentero, finalmente, sólo guarda el nombre y la posibilidad de compararlo con los momentos más pesados de la jornada de trabajo o con la enfermedad. El placer explicado como premio al esfuerzo, alivio y necesario reposo, o biológica exigencia de la especie se opone, y secretamente complementa, al dolor legitimado como dura realidad de la vida, hostil resistencia natural o bíblica maldición de muerte y padecer. Pero se dibuja al trasluz un desnivel que sella siniestramente la vida del sujeto «razonable»: la legitimación discursiva consigue erradicar todo éxtasis y toda auténtica entrega del placer explicado, mientras que el dolor permanece vanamente esclarecido pues no hay razón que rescate o supere ni un solo segundo de sufrimiento. El placer se hace más y más abstracto y el dolor más y más necesario: tal es el balance de la hiperfunción del principio de realidad.

[...]

En el goce no cabe la distinción entre placer y dolor, porque no hay un sujeto (moral, como siempre es el sujeto) que recuerde o tema momentos dolorosos durante el acceso al placer; el goce es placer fuera de cualquier estructura normativa, plena entrega extática a la «pura diferencia», que es imposible apellidar «agradable» o «desagradable», «dolorosa» o «placentera», pues no conoce términos de comparación. El placer quiere conservar su sujeto, con el que el goce no sabría qué hacer: es precisamente la liberación sentida al desaparecer tal sujeto y la normatividad a él aneja la que constituye el goce. Este goce no sabe lo suficiente de sí mismo como para empeñarse en ser adulto; adquiere cualquier forma, pues no le corresponde ninguna: es improductivo, inmerecido, e irresponsable.

El goce es la experiencia de la afirmación.

La filosofía tachada, 7, págs. 179-181

Preguntas sin respuesta

La filosofía avanza en círculos, en espiral,
está siempre dispuesta a reincidir una y otra
vez sobre las mismas preguntas pero
tomadas una vuelta más allá.
F. Savater

Filosofar no debería ser salir de dudas,
sino entrar en ellas.
F. Savater

La filosofía funciona por medio de interrogantes y de la capacidad para que esos interrogantes sean planteados cada vez con mayor precisión y, por tanto, para que pregunten mejor, *sabiendo siempre que toda respuesta es sólo un paso más para una nueva pregunta, para una pregunta más afinada y radical.*

* * *

Hace tiempo, en el coloquio tras la charla que acababa de pronunciar una muy inteligente antropóloga argentina amiga mía, un oyente juvenil exclamó estrepitosamente: «¡Pero no me negará usted que esta vida es un asco!» Y mi amiga repuso sin inmutarse: «¿Comparada con qué?» Esa pregunta, utilizada como respuesta, me parece un estupendo ejemplo de manifestación filosófica. Para empezar, tiene un benéfico efecto curativo: sirve para librarnos de un tópico fantasmal, de un falso dogma acongojante, de un brindis a la sombra depresivo y quizá mañana represivo. Pero además plantea una inquietud muy legítima, un problema que no parece tener ninguna utilidad inmediata pero que sin embargo está lleno de sentido, un interrogante que no se resuelve con una simple contestación sino que nos remite a otras muchas cuestiones: ¿podemos juzgar si la vida vale o no la pena?, ¿tiene la vida tuya y mía un valor determinado o todos los valores los determina la vida?, ¿hay formas de vivir mejores y peores?, ¿por qué?, ¿nos preocupa lo que la vida es, lo que podría ser o lo que debería ser?, ¿qué podría ser la vida y aún no es o ya no es?, ¿qué significa decir que la vida no es lo que debería ser?, etcétera...

Al conjunto de preguntas como éstas o, aún mejor, al afán de preguntar cosas así es a lo que llamamos filosofía. Son preguntas enormes, radicales, absolutas, como las que plantean los niños antes de que los domestiquen en el colegio o las de los borrachos a las cuatro de la madrugada. Son preguntas imposibles, como las que se hace uno en el entierro de un ser querido o las que susurran los enamorados, mirándose a los ojos: «¿Me quieres?» Las grandes preguntas de la vida y de la muerte, los interrogantes de la violencia y del amor. A lo largo de los siglos los filósofos han vuelto a plantearlas una y otra vez, ofreciendo cada uno sus respuestas peculiares y contradiciéndose unos a otros. Ante el desbarajuste de tanta diversidad, algunos pueden pensar que la filosofía es un galimatías del que no hay forma de sacar nada en limpio. ¿Se saca algo en limpio de la filosofía? Pues sí, al menos algo muy importante: las preguntas mismas. Los filósofos se contradicen en las respuestas pero se confirman unos a otros en las preguntas. En filosofía las respuestas varían y se enredan unas con otras, pero las preguntas vuelven una y otra vez, quizá planteadas de un modo algo más rico o sutil. Son las preguntas de nuestra vida, el catálogo esencial de nuestros «¿por qué?». En el centro, la que las condensa todas, la que nadie humano —es decir, consciente y racional— puede dejar de hacerse: «¿Qué significa todo esto (la vida, la muerte, lo que nos pasa, lo que no nos pasa, los demás, las cosas, el tiempo, el miedo, el gozo, la pena...)?»

Nadie se dedica *full time* a estos interrogantes radicales porque nadie filosofa día y noche. Pero todo el mundo, antes o después, empujado por albricias o desgracias, filosofa alguna vez en su vida, es decir, se hace a su modo las grandes preguntas. Y es que vivir resulta una tarea fundamentalmente intrigante. A las cosas de la vida nunca se acostumbra uno del todo: para bien o para mal, siempre nos resulta lo que nos pasa, lo que nos ocurre o lo que se nos ocurre, un poco raro. Por eso Aristóteles indicó que el comienzo de la actividad filosófica —es decir, de la manía interrogativa— consiste en asombrarse. Lo que vemos a nuestro alrededor, lo que sentimos en nuestro interior, lo que oímos que los demás aseguran muy serios, todo puede suscitar asombro cuando uno lo considera ingenuamente, es decir: con libertad y sin prejuicios. Pero ¿para qué sirve hacerse unas preguntas a las que nadie por lo visto logra dar respuesta definitiva? A esta pregunta, que por cierto también es filosófica, se le pueden dar como réplica nuevas preguntas: ¿por qué todo debe servir para algo?, ¿tenemos que servir para algo cada uno de nosotros, es decir, es obligatorio que seamos siervos o criados de algo o de alguien?, ¿acaso somos empleados de nosotros mismos? A lo mejor hacerse las grandes preguntas sirve precisamente para eso: para demostrar que no siempre estamos de servicio, que también alguna vez podemos pensar como si fuésemos amos y señores. Supongo que algo así es lo que quería señalar Sócrates cuando dijo que «una vida sin indagación no merece la pena de ser vivida». Al repetir las grandes preguntas intentamos hacernos dueños de nuestra vida, tan incierta y fugitiva; preguntarse es dejar de trajinar como animales, automáticamente programados por los instintos, y erguirse, secándose el sudor para decir: «Aquí estamos nosotros, los humanos. ¿Qué hay de lo nuestro?»

Aunque lo verdaderamente irrenunciable sean las preguntas, tampoco las respuestas que proponen los filósofos (o cualquiera de nosotros, cuando hacemos de filósofos) resultan desdeñables. Esas contestaciones filosóficas se distinguen porque nunca *tapan* del todo la pregunta que las suscita y siempre dejan algún hueco por el que se cuelan los nuevos interrogantes, para que el juego —el humano juego de la vida— siga abierto. Las respuestas filosóficas suelen ser un cóctel racional con dos ingredientes básicos: *escepticismo* e *imaginación.* Lo primero, escepticismo, porque quien se lo cree todo nunca piensa nada. Para empezar a pensar hay que perder la fe: la fe en las apariencias, en las rutinas, en los dogmas, en los hábitos de la tribu, en la «normalidad» indiscutible de lo que nos rodea. Pensar no es verlo todo clarísimo, sino comenzar a no ver nada claro lo que antes teníamos por evidente. El escepticismo acompaña siempre a la filosofía, la flexibiliza, le da sensatez: sólo los tontos no dudan nunca de lo que oyen y sólo los chalados no dudan nunca de lo que creen. Pero además la filosofía está también hecha de imaginación. ¡Ojo, no de fantasías o delirios! No hay nadie menos imaginativo que los que ven fantasmas, brujerías, adivinanzas, extraterrestres y milagros por todas partes. Quien carece de imaginación siempre está dispuesto a dar crédito a realidades nuevas y desconocidas, mientras que quien tiene imaginación busca lo nuevo a partir de la realidad tal como la conocemos. Con escepticismo e imaginación van tramando los filósofos sus respuestas a las grandes preguntas: conviene recordarlas, desde aquellas primeras e inolvidables de los griegos hasta las de Unamuno o Albert Camus. En conjunto forman el *currículum vitae* de la razón occidental.

Más preguntas: pero ¿de veras que nos hace falta la filosofía?; ¿no es mejor confiar en la ciencia, que es la hija moderna y eficaz de la filosofía, con un sentido práctico mucho mayor que el de mamá? Por supuesto, entre la ciencia y la filosofía no hay que elegir una sola, rechazando la otra: lo mejor es quedarnos con las dos. Pero son distintas, porque a la ciencia le interesa ante todo la eficacia de las respuestas que propone y a la filosofía lo radical de las preguntas que plantea. La ciencia pretende captar cómo *funciona* lo que hay, sean los átomos, los planetas, el aparato digestivo o las sociedades humanas; la filosofía se preocupa más bien por lo que significa para cada hombre, para usted o para mí, existir entre átomos y planetas, tener sistema digestivo o vivir en sociedad. Un personaje de Salvador de Madariaga tenía como lema: «¿Y tó pa qué?», que es un buen ejemplo de inquietud filosófica aunque todavía sin pulir... Los saberes científicos fragmentan la realidad para estudiar mejor cada uno de sus aspectos y resolver problemas concretos, mientras que la filosofía pretende una y otra vez no perder de vista lo que relaciona a las partes del conjunto, la vida humana como realidad inquietante global. Cada una de las ciencias, antes o después, acaban por plantearse en su campo alguno de esos interrogantes absolutos que rompen las costuras de cualquier bata de laboratorio: del mismo modo que los adultos más atareados y pragmáticos, en el arrullo del sueño nocturno, paladeamos otra vez el sabor de la leche materna que nos hizo empezar a crecer.

Libre mente, págs. 174-178

Diagnóstico sobre la salud de la filosofía

«El filósofo lo que puede hacer es provocar y acompañar el pensamiento de otros. No puede dispensarles de pensar.»

José Sánchez Tortosa: *Antes de nada me gustaría saber si crees que sigue siendo posible hoy día la filosofía o si no va quedando cada vez más relegada a una cuestión de curiosidad puramente erudita más o menos subvencionada por los distintos ministerios.*

Fernando Savater: Lo primero que yo creo es que si la filosofía es una tradición intelectual y a la vez es un oficio, una tarea académica, entonces en una sociedad laica, donde la religión ya no puede responder a todas las preguntas, la presencia de las preguntas filosóficas es inevitable (las preguntas sobre la muerte, sobre el tiempo, el conocimiento, la justicia, la libertad, la belleza), esas preguntas obligatoriamente van a salir porque nada las va a responder ya oficialmente. Antes había respuestas oficiales, había una Iglesia oficial, un Arte oficial, que mal que bien calmaban las dudas. Hoy ya no existe todo eso, por tanto, las preguntas de alcance filosófico van a continuar y, probablemente, se van a intensificar. De hecho, el interés actual de la gente por cuestiones como el esoterismo, la New Age, etc., todo va en función de que hay un bullicio de preguntas que están sin contestar.

Lo difícil es saber si esas preguntas se van a encauzar por las líneas académicas de la filosofía. Muchas veces he dicho que yo no conozco a nadie, sobre todo a nadie relativamente joven y un poco despierto, a quien no le interesen las preguntas filosóficas. Pero en cambio, normalmente, lo que no le interesa es el profesor de filosofía ni la parte académica de la filosofía, ni siquiera sabe que ese interés es filosófico. La mayoría de la gente que se está haciendo esas preguntas no tiene conciencia de que está en la línea de Platón o de Aristóteles, simplemente considera que son urgentes.

Entonces, yo creo que las preguntas filosóficas van a gozar de una indecente buena salud. Y, en cambio, la filosofía como práctica académica pues a lo mejor en muchos sitios va desapareciendo, porque hoy ya en países anglosajones tienden a arrinconarla como práctica académica. Puede que la filosofía quede, igual que el latín o el griego, como una destreza del pasado. Pero estoy seguro de que las preguntas filosóficas van a continuar haciéndose, y por tanto, de algún modo, la filosofía va a seguir.

J. S. T.: *Y en ese caso la figura del filósofo también iría perdiendo el papel que, incluso desde Sócrates, ha tenido.*

F. S.: Hombre, se iría transformando. Por ejemplo, fíjate que el papel de Sócrates y el de Hegel son completamente diferentes. A partir de finales del siglo XVIII y principios del XIX, fundamentalmente, el filósofo deja paso al profesor de filosofía. Hasta el siglo XVIII los filósofos son más o menos filósofos, es decir, pensadores, que pertenecen, o bien a la Iglesia, o bien a la antiiglesia, etc. Pero a partir del siglo XVIII, con Kant, con Hegel, con Schelling, aparece la figura del profesor de filosofía casi monopolizando en buena medida el puesto de filósofo frente al pensador privado, que es Kierkegaard, Nietzsche, etc.

De modo que puede que el profesor de filosofía desaparezca, lo cual no quiere decir que desaparezca el filósofo, puesto que Parménides tenía muy poco que ver con un profesor de filosofía. A lo mejor el próximo avatar del filósofo se parece más a los presocráticos que a los señores del siglo XIX.

J. S. T.: *Y que eso suceda, ¿te parece una pérdida irreparable?*

F. S.: Yo creo que es una tradición intelectual importante y perderla sería un empobrecimiento en muchos aspectos porque la sofisticación y la capacidad de seducción intelectual que alcanza la filosofía a través de los siglos es un capital que sería muy triste dilapidar u olvidar completamente. Desgraciadamente, hay cosas como la retórica o el arte de la memoria en la época del Renacimiento que eran útiles y es una pena que se hayan ido perdiendo, y no descarto que la filosofía académica tal como hoy la conocemos pudiera entrar en algo así como *¡qué bonito cuando se estudiaba aquello de la lógica y de la metafísica, pero ya nosotros no lo hacemos!*

J. S. T.: *Aquello tan inútil.*

F. S.: Aquello tan inútil, pero que era tan bonito. Ahora, también es verdad que hoy la filosofía no sólo está en los libros de los filósofos. Es completamente ridículo, por ejemplo, decir que cada revista académica de los cien mil departamentos de Filosofía es filosofía y, sin embargo, la última película de Woody Allen no tiene nada que ver con la filosofía. Los filósofos que siguen pensando que Nicolai Hartmann es el que descubre el corazón humano y Orson Welles, en cambio, es para pasar el rato están equivocados. Si hay una filosofía, será una filosofía que tome en cuenta el cine, la literatura, las otras artes, y no solamente una filosofía que se dedique a hacer comentarios a pie de página de Malebranche.

J. S. T.: *Y en la actualidad, ¿qué puede hacer la filosofía con el mundo en el que les ha tocado vivir a los que pueden desempeñar esa labor? ¿Cuál será la mejor manera o la más filosófica de enfrentarse a un mundo más tecnológico, quizá más complejo?*

F. S.: La tarea filosófica es dar que pensar. El filósofo no es un suministrador de eslóganes, de lemas, no es un *resolvedor* de conflictos, sino un *planteador* de conflictos. Por eso, lo más contrario que hay de la filosofía es estos libros tipo *Más Platón y menos prozac,* como si la filosofía fuera un recetario de respuestas en vez de un recetario de preguntas y de dudas. Naturalmente, con el tiempo esas preguntas han ido ya segregando respuestas parciales que han permitido seguir preguntando más allá, pero lo importante no es quedarse con un lema. No se puede llegar a un filósofo y decirle: «A ver, dígame usted, pero corto porque tengo que irme a hacer otra cosa, qué es el tiempo y qué es la muerte.» Pues, mire, no se lo voy a decir. Si usted quiere pensar vamos a ponernos a pensar. El filósofo lo que puede hacer es provocar y acompañar el pensamiento de otros. No puede dispensarles de pensar. Cualquier gurú, archimandrita, obispo o lo que sea que dispensa de pensar a los demás es lo contrario de un filósofo. La única lección del filósofo es decir: «Tienes que pensar.»

J. S. T.: *Siguiendo con ese tema, yo creo que la filosofía nace con un claro espíritu pedagógico, tema que, además, tú has tratado bastante. ¿Qué pinta la filosofía hoy en el sistema educativo actual tal como está planteada? ¿Y, en general, qué defectos más graves ves en el sistema educativo?*

F. S.: John Dewey decía que la filosofía es una ciencia general de la educación, filosofar es reflexionar sobre la educación. En cualquier caso, la educación exige una reflexión sobre la cultura. Cuando estamos educando lo que debemos plantearnos es qué queremos transmitir, de todo lo que conocemos, hacemos, vivimos, soñamos, qué consideramos digno de ser perpetuado, entre cuáles de nuestras cosas queremos vivir y queremos consolidarnos. Eso no puede dejarse al mercado, que sea el mercado el que decida lo que debe perpetuarse, o no podemos dejar, simplemente, que sean los poderes públicos, que lo que quieren es que se perpetúen aquellas cosas que fomenten la obediencia o la docilidad de la gente. Hay que hacer una reflexión colectiva y personal sobre qué es lo digno de ser perpetuado de la cultura. Y esa reflexión es filosófica. Yo considero que sin haber hecho esa reflexión no sabemos cómo se puede educar. Si la educación es cualquier cosa que sirva para que el niño durante un cierto tiempo no dé la lata y luego se pueda ganar la vida, no le pidamos, como se le piden, ciudadanía y esas cosas. Y si vamos a pedir una formación integral, que convierta a las personas en seres capaces de civilización y no sólo capaces de ciertas tareas laborales, entonces se requiere una reflexión sobre la cultura, y esa reflexión es de sesgo filosófico. Cualquier intento de promover la educación viene, primero, de preguntarnos qué cultura queremos transmitir. Hoy hay una visión meramente funcional, muy *cortoplacista,* pero no sólo por las autoridades, sino también, sobre todo, por los padres. Hoy, uno de los obstáculos que hay para educar a los jóvenes son sus padres, que no quieren que les eduquen porque quieren que se pongan a trabajar, o se despreocupan completamente de su educación, o tienen una idea totalmente embocada a un desafío laboral inmediato y no les importa el aspecto, digamos, más inquietante que tiene la educación, que es el desarrollo del espíritu crítico, la independencia de juicio. Educar a las personas es prepararlas para que se marchen y, entonces, los padres, normalmente, quieren seguir teniendo una especie de vínculo permanente. Autoridades, padres, obispos, etc., quieren controlar a la gente y, como educar es fomentar que la gente se vaya, eso, evidentemente, va en contra de los propósitos de las autoridades competentes.

J. S. T.: *¿No te parece que hay una cierta aversión en círculos académicos ante la posibilidad de que la filosofía trate temas considerados banales o triviales, por ejemplo, temas como la televisión?*

F. S.: Lo curioso es que los primeros filósofos se ocupaban de su cotidianidad. Platón, Aristóteles hablan de las cosas que pasaban en su época. En cambio, para los filósofos posteriores, sobre todo para los filósofos académicos, la filosofía se ha convertido en una reflexión sobre la cotidianidad de los anteriores filósofos, no sobre la suya. Entonces, seguimos preguntándonos sobre qué era cotidiano para Hegel y no qué es cotidiano para nosotros. El filósofo académico, de alguna manera, tiene que presentarse como una especie de máquina del tiempo respetable, o sea, lo que pasa en el periódico no es lo suficientemente respetable, hay que buscarlo en un archivo. Y, entre otras razones, porque, además, sobre la actualidad, a los filósofos académicos no se les ocurre absolutamente nada, que es el secreto de por qué la gente habla de Heidegger y no de la televisión. Es que disimula más hablar de Heidegger que de la televisión, dado que para hablar de la televisión hay que, de alguna manera, mojarse con una cotidianidad, tener una cierta experiencia de la vida, y ellos no tienen ninguna, la filosofía académica carece de experiencia de la vida, tienen una experiencia docente, tienen una bibliografía, pero ninguna bibliografía puede sustituir la experiencia de la vida, y ellos no la tienen. Todo lo que se refiere a cosas como el sexo o el dinero no se plantea. No se dan cursos sobre el dinero en las facultades de Filosofía. Los cursos que se dan en nuestras santas casas están totalmente centrados en el comentario de un filósofo porque eso disimula respecto a los demás el hecho de que uno no tiene absolutamente ni idea ni de por qué vive ni de cómo vivir. La filosofía académica es gente escondida en una biblioteca para no encontrarse con la vida. Ellos, naturalmente, desdeñan a quien sale hablando de esos temas como diciendo: «Fuera no puede haber más que ruido y confusión, quédese usted aquí, que es el lugar del secreto.» Todo esto sin ánimo de ofender, pobrecillos, que bastante tienen ellos con su desgracia.

J. S. T.: *¿Y esto iría unido al hecho de que la filosofía parece verse reducida cada vez más a simples comentarios de texto, en lugar de ofrecer, si no ideas nuevas, sí, al menos, diagnósticos o análisis nuevos sobre la actualidad?*

F. S.: Es que es absurdo que a un señor le pregunten sobre un tema de tal magnitud como la muerte, y pregunte: «¿Qué dice Platón?» Lo que a mí me importa es que me voy a morir, no lo que diga Platón, un señor que ya se murió, por cierto. Hombre, después de haber intentado yo acercarme a cuerpo descubierto a las cosas, es importante enterarme de lo que otras personas, quizá más competentes que yo, han pensado, pero eso no significa convertir un tema vital en una especie de meandro académico que empieza y sigue y deriva en una página escrita por otro. La peor página escrita por una persona con sinceridad es mucho más interesante que el comentario más erudito y más sagaz de una página que está ya totalmente fosilizada.

J. S. T.: *Finalmente, parece inevitable preguntarte por el papel del intelectual hoy día en el mundo occidental, más aún tras el 11 de septiembre.*

F. S.: El intelectual, en principio, es simplemente una persona que tiene una cierta audiencia pública y que la utiliza en una línea política. Eso puede ser bueno o malo o regular, evidentemente, como estamos viendo. Yo, sinceramente, creo que el intelectual no tiene que ser ningún sustituto del cura párroco, ni un gurú, ni un profeta, más bien tiene que ser una persona que acompañe, que ponga voz y argumento a cosas que, normalmente, quedan confusas o mal expresadas. Tiene que ser un aclarador de problemas, de planteamientos, más que un visionario, porque la mayoría de debates que vemos son muy confusos, la gente no sabe lo que está discutiendo, no se toman en cuenta las variantes de un problema. Ahí, la labor del intelectual es ir aclarando y relacionando el problema presente con un conjunto de problemas vitales, intentar conectar una situación o un problema con otro grupo de problemas más amplio en el cual vivimos todos.

J. S. T.: *¿Y de cara al público en general, tú crees que, de algún modo, aunque sea en mínima medida, eso se consigue?*

F. S.: Hay algunas personas que sí, que llevan una labor intelectual en el sentido de que a todos nos interesa lo que digan. A mí me interesa lo que puedan decir Habermas o Umberto Eco, como antes Bertrand Russell o Sartre. Lo que pasa es que tampoco se pueden buscar recetarios, puedes buscar personas y hoy te sirve éste y mañana otro, pero el hecho de que una persona con capacidad te ayude a ordenar tus propios pensamientos, te descubra, de pronto, una vinculación de un aspecto de la realidad con otro que no se te había ocurrido, a mí me parece muy importante, y es lo que yo busco todos los días.

(CASI) TODA LA ÉTICA

Llamo ética *a la convicción revolucionaria y a la vez tradicionalmente humana de que no todo vale por igual, de que hay razones para preferir un tipo de actuación a otros, de que esas razones surgen precisamente de un núcleo no trascendente, sino inmanente al hombre y situado más allá del ámbito que la pura razón cubre; llamo* bien *a lo que el hombre realmente quiere, no a lo que simplemente debe o puede hacer, y pienso que lo quiere porque es el camino de la mayor fuerza y del triunfo de la libertad.*

F. Savater

El bien y el mal

Sólo es posible la ética si se puede distinguir entre lo bueno y lo malo. Savater entiende que esa distinción puede hacerla el ser humano sin atender a criterios trascendentes, es decir, a lo que Dios, en cualquiera de sus formas, dicte. Por eso, frente a los que se valen de alguna realidad que está por encima del individuo humano para sustentar el juicio moral, la ética atea e inmanente que aquí se ofrece se da precisamente por la ausencia de toda instancia superior que decida sobre el bien y el mal.

* * *

Saber que todo es bueno o malo es saber que todo puede ser enmendado, que cada acción perturba el debido equilibrio cósmico —el Bien triunfante arriba, el Mal vencido abajo— o colabora a reimplantarlo, que la actual complementariedad en la propia Ley de bien y mal es transitoria y ha de resolverse finalmente a favor del Bien (Sade pensó quizá que se resolvería a favor del Mal). En cierto sentido, lo que el inevitable optimismo ético sostiene y de donde saca su fuerza para valorar es que el Bien ha triunfado *ya,* aunque todavía esa victoria no se haya hecho patente a quienes penamos en el valle de lágrimas de la historia. Cuando Sócrates decía que nadie hace el mal a sabiendas, lo que quería decir es que nadie hace el mal a sabiendas de que es el mal, esto es, la opción más débil y ya derrotada: se es malo por ignorancia del inevitable y definitivo triunfo del Bien. Kant apoyaba la hipótesis metafísica de la existencia de un Dios justiciero y de un alma inmortal precisamente en la necesidad del triunfo del Bien; puesto que tal triunfo es el sentido mismo de la ética, y puesto que en la vida humana o en el mundo que conocemos tal victoria no se manifiesta con la debida contundencia (que supondría el logro de la santidad, la paz perpetua y la adecuada recompensa de la buena voluntad), es postulable la trascendencia en la que lo que debe ser cumpla su promesa. Quienes creen en el advenimiento de cualquier utopía o en el progreso o, aún más sencillamente, en el futuro, sea éste bueno o malo, son también deudores de la ilusión ética fundamental, que dice así: el conflicto entre el Bien y el Mal ha de resolverse finalmente (lo mismo da que triunfe uno que otro para el caso), *pues si no la pretensión moral carece de sentido.* A fin de cuentas, el optimismo/pesimismo ético parece sostener implícitamente que la ética es el mejor camino para alcanzar el reino en el que la ética ya no será necesaria, aunque tal reino no sea de este mundo.

[...]

En resumen, si el primer paso ético es constatar que hay bien y mal y ésta es la piedra angular del planteamiento moral, la ética no tiene otro fundamento ni otro mensaje que el triunfo del Bien (con la anti-ética simétrica que profetiza la victoria del Mal), a no ser que se la diluya en un relativismo sociológico que en último término acoge en su convencionalismo positivista todas las contradicciones que pretendía disolver. Y, si esto es así, no puede haber otro garante ni otro sostén de la pretensión ética que Dios, aunque se presente bajo la advocación de Padre lacaniano o Necesidad Histórica. Si Dios ha muerto o se ha dejado convencer de que no existe —si no hay un significante privilegiado a partir del cual se organice el orden simbólico—, tiene razón el personaje de Dostoievski: todo está permitido..., es decir, nada puede ser éticamente valorado. En este sentido, es cierto que no hay ética sin religión y sin Dios, como dijeron nuestros mayores. Pero también es cierto desde otra perspectiva, como antes vimos, que la presencia de Dios anula el plano ético.

La tarea del héroe, págs. 326-327

Entre todos los saberes posibles existe al menos uno imprescindible: el de que ciertas cosas nos *convienen* y otras no. No nos convienen ciertos alimentos ni nos convienen ciertos comportamientos ni ciertas actitudes. Me refiero, claro está, a que no nos convienen si queremos seguir viviendo. Si lo que uno quiere es reventar cuanto antes, beber lejía puede ser muy adecuado o también procurar rodearse del mayor número de enemigos posibles. Pero de momento vamos a suponer que lo que preferimos es vivir: los respetables gustos del suicida los dejaremos por ahora de lado. De modo que ciertas cosas nos convienen y a lo que nos conviene solemos llamarlo «bueno» porque nos sienta *bien;* otras, en cambio, nos sientan pero que muy mal y a todo eso lo llamamos «malo». Saber lo que nos conviene, es decir: distinguir entre lo bueno y lo malo, es un conocimiento que todos intentamos adquirir —todos sin excepción— por la cuenta que nos trae.

Ética para Amador, págs. 20-21

Ética creativa

Se da en el ser humano un conflicto entre destino y libertad, esto es, entre la realidad objetiva que se le impone al sujeto y la posibilidad de que el individuo decida por sí mismo, ya que a diferencia de los demás seres, el hombre no está perfectamente acabado sino que se va haciendo a sí mismo a lo largo de su vida, es decir, de su continua toma de decisiones. Además, vive el conflicto entre bien y mal, pero este conflicto no es superable porque es la base misma del planteamiento ético y pretender resolverlo, en lugar de extraer de él el modo más humano —más creativo— de vivir, es, al fin y al cabo, creer en Dios y, por tanto, renunciar a ser hombre.

* * *

Llamo «trágica», sin ninguna pretensión de originalidad innovadora, puesto que los lectores que pueden comprenderme forman inevitablemente parte de la posteridad nietzscheana, a la postura ética que no pretende resolver la antinomia destino-libertad (esencia objetivada en el juicio/no-identidad del sujeto agente) ni sustentar el inevitable triunfo trascendente del Bien como sentido de la ética, utilizando a Dios en ambos casos o a cualquiera de sus sucedáneos modernos. Se pretende ir más allá de la antinomia, pero conservándola; más allá del bien y del mal, pero sin *superar* esta dicotomía, buscando el origen indistinto en que la distinción nace, origen en el que descubrimos que jamás podrá darse el triunfo definitivo de una de las polaridades contrapuestas *y que esto no sólo no invalida el sentido de la ética, sino que lo funda.* La ética trágica permanece tenazmente en una inmanencia *abierta.* Puesto que no puede haber victoria del Bien sobre el Mal —la posibilidad de la ética consiste precisamente en que tal triunfo sea inimaginable por contradictorio en sus términos y a la vez moralmente indeseable—, los medios reivindican su primacía en el terreno de lo que ha de ser valorado frente a los fines: en este punto concreto, como en no pocos de la ética trágica, la raíz de su pensamiento viene directamente de Aristóteles *. El fin es un sueño impotente o una deliberación global y completa, pero puntual, de los medios por los que se acerca; por lo demás, el plano propiamente ético es el de lo inmediato y sólo el medio es inmediato. ¿Por qué hablar a este respecto de lo *trágico?* Porque en este planteamiento ético se da *la presencia evidente de lo irreconciliable, junto al deseo y a la necesidad inaplazables de acción.* Trágico es actuar en lo irreconciliable y, sabiéndolo irreconciliable, sacar de ese saber valores y júbilo. Nada va a arreglarse, porque no hay nada que arreglar: al mundo no le falta ni le ha faltado nunca nada... ni al hombre tampoco. La ética no viene a remediar una carencia —la Falta originaria—, sino a interpretar valorativamente la acción. No hay otro mundo que éste y éste *así,* con una Forma, no sin forma o con todas las formas: tenemos que conformarnos con el mundo y conformarnos con su Forma, aunque no tenemos que conformarnos con ninguna forma del mundo en particular y por eso podremos y deberemos actuar siempre. La posibilidad de que el mundo adoptase una determinada forma para siempre (el triunfo del Bien o del Mal, del optimismo ético y de los utopistas radicales, también de todos los que creen en *otro mundo* de forma más verdadera y menos cambiante que éste) agosta de raíz el planteamiento ético tal como el pensamiento trágico lo considera. La tensión entre lo real como agotamiento de lo posible y lo posible como negación de lo real, entre libertad y destino, entre egoísmo e identidad, entre la disponibilidad de las formas y la necesidad de la Forma (dolorosamente limitada y una en cada caso), entre el fin perfecto (simbólicamente paralizador) y el medio inmaduro (éticamente jugoso), to-

* Por decirlo como Nietzsche, puede irse más allá del Bien y del Mal... pero no más allá de lo bueno y de lo malo.

das estas tensiones deben permanecer irreconciliables (así como la mayor de todas, la de que vivir no sea más que permanecer constantemente a disposición de la muerte, con la muerte como única e irrefutable verdad) para que la acción humana pueda darse como creación incesante e incesantemente frustrada.

La tarea del héroe, págs. 327-328

El puritano implacable

Savater entiende la ética como una apuesta personal, que reflexiona sobre la propia conducta y afronta la toma de decisiones que la libertad individual implica, mientras que el puritano se atreve a juzgar el comportamiento exterior de los demás como si estuviera en posesión de la verdad moral más incuestionable. Lo que diferencia al hombre moral *del* puritano *es la osadía de juzgarse sólo a sí mismo e ir inventando así, a cada momento, su propia vida.*

* * *

La moral decae cuando uno mira *hacia afuera,* en lugar de atenerse a su propia opción interior. La verdadera decadencia moral comienza en cuanto alguien supone que ser moral es poseer un conjunto de reglas para juzgar las conductas, preferentemente las de los demás. Como bien señaló un pensador tan escasamente sospechoso de tendencias libertinas como Kant, el auténtico imperativo ético, es decir, la opción libre por la virtud y la excelencia, *no sirve nunca para juzgar a nadie,* ni tiene nada que ver con el comportamiento externo del vecino. Quien quiera clasificar al otro y señalarle su culpa o su mérito, quizá pueda encontrar las pesas y medidas para esta ponderación en criterios políticos, o psicológicos, o de utilidad pública, o de cortesía, o de higiene o de lo que sea, pero morales, jamás. El otro —o los otros— puede ser un fastidio o un peligro, y por ello podré evitarlo o combatirlo; pero lo que jamás podré determinar respecto a nadie es que sea culpable, que sea *malo*. La moral es una aventura personal, individual e irrepetible, no un instrumento teórico ni penal para interpretar lo que los hombres hacen en este mundo. Por esto me permití en cierta ocasión señalar que *nadie tiene la culpa de nada* (ante los demás, claro está, ante el inquisidor exterior), opinión que escandalizó a quienes entendieron que yo decía «nadie es *responsable* de nada» y comenzaron a preocuparse virtuosamente por la impunidad de los sinvergüenzas que ven a su alrededor. Tranquilos, que la policía no es tonta y cada cual tendrá su castigo. Pero a la moral que no me la saquen a bailar con el juez de guardia, porque peligran sus frágiles piececitos...

Al mecanismo moralizante, que no moral, es decir, al conjunto de principios abstractos, costumbres venerables, prudentes renunciamientos y piadosas exhortaciones que sirven a cada cual para puntuar de cero a diez la conducta del prójimo, a eso se le puede llamar *puritanismo*. El puritano se atiene a criterios fundamentalmente externos, al resultado de las conductas; pero en lugar de limitarse a valorar la conducta en cuestión, apreciándola o deplorándola según alguno de los criterios antes señalados, pretende remontarse a la conciencia misma que decide detrás en cada caso y califica sin vacilar la esencia del sujeto. Así Fulano será un ladrón, Zutano un violador o un sodomita, etc... como si alguna vez la propia sede de la decisión pudiera ser identificada con el efecto de la decisión tomada. Por supuesto, el puritano no tiene por qué ser hipócrita, es decir, en muchos casos se aplica a sí mismo idénticos baremos que los que asesta a los demás. Pero eso no quiere decir sino que también es capaz de verse a sí mismo desde fuera, como caso público, como escándalo en potencia. El puritano vive preocupado porque ya no se hacen las cosas aceptadas que antes solían hacerse y desconcertado porque ahora se acepta que se hagan otras distintas; pero al hombre moral, en su elección, ninguna de esas zozobras triviales le interesan, pues sabe que debe inventarse a sí mismo desde su libertad en cada gesto, sea éste tradicional o insólito.

Las razones del antimilitarismo, págs. 210-211

Ética universal

Con una ética de carácter universal, es decir, humana, *se pretende ir más allá de las diferencias individuales, reconociendo justamente que ser diferentes es lo que de común tenemos los hombres. De este modo, la condición de humanos que todos compartimos ha de estar por encima de las características biológicas y culturales. Se trata, por tanto, de una ética en la que el elemento decisivo es el individuo humano.*

* * *

La ética ha de buscar lo que los humanos tenemos en común, no lo que nos diferencia y singulariza. Desde luego, el respeto a la diferencia es también parte de esta moral, pero en cuanto reconocimiento de que todos somos diferentes y por tanto nuestras peculiaridades irreductibles forman parte de lo que cimienta nuestra común condición. Tener diferencias es lo que nos hace parecidos... Hay un derecho moral a la diferencia, pero no una diferencia de derechos morales.

[...]

La perspectiva ética universalista se sostiene siempre en la primacía moral del individuo sobre cualquiera de los grupos de afiliación de los que forma parte. Opta por la civilización (esfuerzo único de la humanidad por salir de las pautas meramente naturales) frente a las culturas, cada una de las cuales pretende ser idiosincrásica. La ética universal consiste en el reconocimiento de que la problemática humana nos hace a todos más *semejantes* de lo que las divergencias de nuestras culturas están dispuestas a reconocer. Por decirlo de otro modo: reconoce las pertenencias culturales, pero como características *solubles* en la humanidad común cuando llega el caso de ponerlas a prueba, no como determinaciones *insolubles* que hacen a los humanos de un colectivo incomprensibles e inasimilables para quienes no pertenecen a él.

[...]

La *fuerza* coercitiva de cualquier razonamiento ético nunca es como la de un axioma matemático ni tampoco como la coacción legal establecida por las penas de la ley. La ética no intenta promulgar un dogma que permita separar en todo caso el bien del mal, sino una perspectiva desde la que pueda debatirse qué es lo preferible en el campo siempre abierto y único de cada ocasión; tampoco pretende suscitar una conducta estratégicamente razonable, sino una *intención* humanamente racional. En segundo lugar, no es cierto que falte entre los hombres un marco común de razonamiento práctico, aunque para hallarlo sea preciso aplicar la capacidad filosófica de abstracción a la gran diversidad de las respuestas culturales (lo cual quizá suponga en cierto modo la opción por una respuesta cultural determinada): los humanos no compartimos supuestos ideológicos comunes, pero sí problemas vitales comunes. Las costumbres valorativas de una comunidad pueden diferir sustancialmente de las de otra (es decir, hay diversas morales), pero la legitimación ética de todas las morales puede referirse al propósito único de aliviar los problemas vitales que compartimos, ya deriven de nuestro destino mortal o de la relación con los demás.

Despierta y lee, págs. 40-42

La acción humana

El pensamiento ético tiene que plantearse cuál es la incidencia de la acción humana en el mundo. En el pasaje que nos ocupa, perteneciente a su primera obra publicada, Savater ofrece al lector las razones por las cuales todo intento de arreglar el mundo *es vano e ingenuo y, sin embargo, presenta, al mismo tiempo, la clave por la cual es necesario no renunciar a actuar.*

* * *

En este universo regido por el mal, las acciones no pueden producir otra cosa que nuevas formas de mal: la apariencia de novedad que las acompaña es el acicate para cometerlas, pero en realidad lo obtenido es siempre lo mismo, el mal. Realizado un primer acto, con la esperanza de obtener algo bueno, comprobamos con alarma que lo conseguido es malo, al menos en la medida en que no es completo y necesita la acción correctora de otras acciones, cada una de las cuales será a su vez incompleta, debiendo ser completada por otras y éstas por otras nuevas, etc.: cada gesto nos lanza en el vértigo infinito de los efectos y las causas, donde la fementida novedad de cada individuo es el espejismo que posibilita la perpetuación del todo. Dado el primer paso, el efecto rueda lejos de nuestro primer designio, borrado y confundido en la niebla de los efectos subsecuentes, que traman una estructura aterradora que se nos escapa. Nadie es dueño de sus propias obras, pero con un infrecuente ejercicio de lucidez se pueden rastrear las consecuencias de nuestros actos, lo suficiente como para medir con alarma y desánimo infinitos la distancia que las separa del sueño inicial que nos movió a obrar. Cada movimiento que comenzamos, cada caricia o cada palabra prometen traer el apaciguamiento definitivo y la liberación, pero en realidad sólo traen el inicio de una nueva pesadilla, cuyo nombre seguirá siendo indefinidamente desasosiego, insatisfacción. ¿Cabía esperar otra cosa? Obrar es pactar con el enemigo.

Pero la acción no es sólo rechazable desde el punto de vista de la satisfacción que promete y defrauda a quien incurre en ella, sino también considerando el daño causado. (...) La acción es siempre colaboración con el mal, participación en el satánico tráfago de dolor y esterilidad. Las obras siempre hieren; su esencia misma es el padecimiento de quien las hace y quien las sufre.

[...]

La única manera de no colaborar con el daño del ser parece consistir en abstenerse de actuar; pues de nada servirá el obrar movido por las mejores intenciones, ya que los efectos malignos inherentes a la acción escapan a nuestros propósitos, en el caso improbable de que nuestras intenciones fuesen realmente buenas, hipótesis que la introspección no hipócrita rara vez confirma. (...) No podemos evitar el ser malos, en la medida en que formamos parte del concierto universal, pero sí podemos rechazar la tentación de hacer el mal o, sencillamente, de hacer. (...) Pero la vieja injusticia no puede ser reparada por el obrar, pues toda acción perpetúa la herida y ningún acto nos aproxima un paso al jardín perdido. (...) Querer arreglar el mundo y corregir la injusticia triunfante es la definitiva perpetuación de la injusticia y el más mínimo gesto pretendidamente justiciero consolida la corrupción que se extiende bajo la apariencia de la vida. (...) Para Lao-tsé, no es que deba renunciarse a la búsqueda de esos ideales por considerarlos imposibles de conseguir y utópicos, sino que el único medio de alcanzar justicia y humanidad es renunciar a las acciones que supuestamente nos acercarían a ellas. La creencia en cualquier actividad libertaria presupone que somos dueños de nuestras obras, que podemos prever y controlar sus consecuencias y sus efectos: toda la experiencia histórica descalifica tal creencia. (...) Lo conseguido caricaturiza sañudamente con su mediocridad la perfección de lo que quiso lograrse: se habla sin sonrojo ni conciencia de la contradicción de «Estados revolucionarios» y de «partidos de la revolución instituida», mientras la soñada liberación de nuestro forzoso confinamiento en la tierra tiene su remedio en el supercirco administrado por la NASA. ¿Qué postura nos queda? (...)

Nada es más odioso que esta inmovilidad conformista a quienes todavía creen en las virtudes revolucionarias de las acciones. (...) Se dice que es preciso hacer algo para sobrevivir, para no morirse de hambre. De acuerdo; pero, ¿qué es lo que necesariamente hay que hacer? Morirse de hambre es una noción demasiado natural para nosotros, sobre todo considerando lo que se nos pide en contrapartida; nosotros no nos morimos de hambre sino del proyecto incumplido de comer. Para poder sobrevivir debemos renunciar al juego y a la inacción y aceptar la división del trabajo, de acuerdo; es necesario que seamos algo, en algún archivo ordenado con rigor nos espera nuestro nicho y con él, nuestra justificación. Todo se ha complicado tanto —siempre necesariamente, desde luego— que para comer es preciso aceptar que todo es necesario, lo atroz y lo trivial, la jerarquía, los transportes públicos y la desaparición de los animales. Lo que pasa es que después de haber aceptado todo como completamente necesario, a algunos se les quitan las ganas de comer. Pero ni esto les excusará del universal atareamiento, pues quien no haga nada «no tendrá donde caerse muerto». Significativa expresión: a quien por cualquier motivo descuide la producción no sólo le será negado un lugar bajo el sol mientras viva, sino también la posibilidad misma de morir. Pero este argumento no es tan convincente como puede pensarse, incluso es fácil ponerlo al servicio de la inacción. En efecto, un «don nadie» no tiene donde caerse muerto porque no muere; quien no ha sido nada no puede morir, pues la muerte parece ser exclusivo patrimonio de quien ha sido algo y, por tanto, puede dejar de serlo. Esta forma de inmortalidad que consiste en no ser nada nunca, y que quizá sea la única posible, es la que ha tentado a los budistas y la que deseó, sin duda, el Bartleby de Melville. (...) Este voluntario destierro evitará juntamente el fraude del deseo por la acción que no logra nunca apaciguarlo del todo y la participación activa en el dolor general. El aniquilamiento por la inmovilidad que renuncia a pasiones y actos parece ser el único lenitivo para la vergüenza de existir. La refutación de esta actitud desde los presupuestos de tal o cual dogma que ordena actuar es ineficaz, pues el nihilista no acepta precisamente esos valores que estimulan a la acción. Pero la misma reflexión crítica sobre la doctrina del perfectismo quietista puede ayudar no a refutarla sino a superarla desde la misma concepción nihilista. Tomar conciencia de las contradicciones que encierra esta postura permitirá al discurso negativo transcurrir de la primera forma de no aceptación del mundo hasta la segunda, de la doctrina de la inacción hasta la de transformación de lo existente.

Nihilismo y acción, págs. 63-72

La Ley y la libertad

Si la Ley es la clave que distingue entre el bien y el mal, sólo tiene sentido si se puede elegir entre uno y otro, es decir, si existe la libertad. Savater concibe la libertad como la capacidad que tiene el hombre de actuar como sujeto agente (frente a lo pasivo, la cosa, lo producido). Sólo está sujeto a la Ley lo que puede decidir con respecto a ella, sea para asumirla o para infringirla. Ley y libertad resultan ser inseparables.

* * *

¿No habrá un punto desde el que poder cuestionarse aún más radicalmente por la Ley, un punto situado fuera y dentro, histórico y subjetivo porque rebasa ambas consideraciones, una perspectiva situada más allá del bien y del mal, desde la que sea imposible predicar y comience a ser posible pensar, un mirador desde el que no se pueda explicar sino tan sólo *ver* la libertad y la culpa, es decir, el rincón autónomo de la pregunta ética? Es así como volvemos de nuevo a la metafísica o, sencillamente, a la filosofía.

La cuestión fundamental es ésta: ¿de dónde proviene la Ley? Por Ley no entiendo nada misterioso, sino la norma más general de acción y de clasificación del mundo, formulada de mil modos concretos, pero que en abstracto resulta así: hay Bien y Mal; el Bien es lo que debe ser buscado y practicado, mientras el Mal es lo que hay que evitar. La Ley tiene un presupuesto y unos corolarios: el presupuesto es la libertad, los corolarios la satisfacción moral y la culpa. Si no hay libertad en el sentido más radical de la expresión, es decir, si no podemos reconocer nuestra identificación con el Bien o con el Mal —con el Bien y con el Mal— como auténticamente *nuestra,* como fruto de nuestra actividad y no de nuestra pasividad o de nuestra inercia, la Ley se hace absolutamente *ininteligible;* he aquí lo que podríamos llamar el argumento ontológico a favor de la libertad: si no hay libertad, la Ley no es impracticable o superflua, sino absurda e incomprensible, no puede ser *leída* en modo alguno; pero es el caso que la Ley es leída y comprendida (todo lo leemos y comprendemos a través de ella); luego somos libres en el sentido más fuerte de la expresión, que es el que afirma, repito, que *movemos sin ser movidos,* que nuestro principio es creador de acciones y no pasivo o inercial. Las elucubraciones más o menos sutiles sobre elección, decisión, preferencia, opción y similares olvidan o ignoran que la cuestión de la libertad se plantea en la raíz misma de la acción, enfrentando el hacer y el padecer, el ser sujeto y ser cosa, productor y producto. La prueba de la libertad es la Ley, pues ser libre consiste en *entender* la Ley; pero entender la Ley es transgredirla, es decir, es pecar contra ella, aunque gracias a ella, Adán y Eva entendieron y obedecieron a Dios y a la serpiente, se hicieron como dioses y murieron; nadie les mintió, pues de lo que se trataba era de abandonar de una vez el jardín para dejar de ser animales y hacerse libres. Comprender la Ley desde la libertad es pecar contra ella, como hemos dicho: la libertad siempre es culpable, no eventual y casualmente, sino esencialmente y a perpetuidad. Por eso, de la Ley deriva la culpabilidad de entenderla y la satisfacción de cumplirla, siendo esta última la suspensión momentánea de la primera, algo así como la anulación fugaz de la libertad de la Ley en la determinación de su cumplimiento positivo. El acatamiento de la Ley nos da por un instante el apaciguamiento de padecer en lugar de hacer nuestra acción; pero tal satisfacción nos devuelve de inmediato a la verdad de la Ley misma y, por tanto, a la libertad culpable. En la plenitud moral volvemos a sentirnos instauradores de nuestras obras y así recaemos de nuevo en la tentación y su angustia, pues recordamos nuevamente que la única forma de obedecer a Dios es seguir el camino del exilio y muerte que nos insinuó la serpiente.

La tarea del héroe, págs. 335-336

La virtud inventada

Necesidad. Pero, ¿de dónde se podría sacar la virtud más que de la necesidad misma?
F. Savater

Sólo es auténticamente ética la virtud que nace de uno mismo, que uno mismo se propone y lleva a cabo, porque es la que nace de la libertad y del deseo más verdadero, más humano. Se trata de la virtud que no es impuesta desde fuera sino que es determinada por la propia decisión. Quien es capaz de semejante valentía personal merece el calificativo de héroe ético.

* * *

Héroe es quien logra ejemplificar con su acción la virtud como fuerza y excelencia. En esta definición la mayoría de los términos no pueden ser conceptualizados rigurosamente, sólo pueden ser descritos de modo *narrativo,* por medio de cuentos o mitos alusivos; guardarán hasta el final su esencial ambigüedad, y es preciso que así ocurra, si no queremos pecar a la vez contra la honradez científica y poética. En el terreno de la ética, todo aquello que no es ambiguo —todo aquello cuya lectura pretende ser inequívoca— es dogma eclesiástico o código penal; el procedimiento narrativo, por su parte, también tiene *truco,* pero lo confiesa de antemano y está dispuesto a desmentirse en su camino cuanto haga falta para que el truco nunca se olvide del todo... y por otra parte siga funcionando. Si así se quiere ver, la diferencia entre quienes pretenden poseer una *ciencia* del hombre (sea ésta la *episteme* platónica, el conocimiento empírico-experimental o —como es lo más común— un híbrido de ambos) y quienes prefieren tejer historias reflexivas respecto a él, es la misma que existe entre los brujos que practican la magia negra o la necromancia y los ilusionistas de conejito en la chistera: todos juegan con la credulidad del público y con la propia, pero los segundos confiesan de entrada que se proponen engañar como vía de deleite, mientras que los primeros nunca dejan de sostener su muy veraz relación directa con Satán.

[...]

El héroe no sólo hace lo que está bien, sino que también ejemplifica *por qué* está bien hacerlo. La mayoría de los hombres acatan las virtudes como algo ajeno, impuesto, en buena medida convencional y, por tanto, discutible: pero en el héroe la virtud surge de su propia naturaleza, como una exigencia de su plenitud y no como una imposición exterior. El héroe representa una reinvención *personalizada* de la norma. A fin de cuentas, la virtud es tal porque expresa la fuerza del héroe, mientras que no puede decirse que el héroe sea tal por atenerse a la prescripción virtuosa; lo valioso de la virtud reside en su ejecutante ejemplar, el héroe, y no al revés.

[...]

El héroe es quien *quiere* y *puede.* Dejemos por un momento aparte toda nuestra poética moderna del fracaso, la melancólica glorificación de la derrota como dignidad ante lo ineluctablemente adverso (para Herman Melville, por ejemplo, «sólo cuando un hombre ha sido vencido puede descubrirse su verdadera grandeza»): ser derrotado —querer y no poder, poder pero no lograr querer— es lo fácil; lo difícil es triunfar, querer y poder. En la actividad victoriosa, lograda, reconocemos nuestra independencia relativa de lo necesario y nuestro parentesco con los dioses, con lo que forma el sentido del mundo. Los ejemplos heroicos inspiran nuestra acción y la posibilitan: cuando actuamos, siempre adoptamos en cierto modo el punto de vista del héroe y nada lograríamos hacer si no fuera así. Por ridículo que sea exteriorizarlo enfáticamente, todo hombre sano y cuerdo, activo, vive alentado por la saga de sus hazañas y es noble y acosado paladín ante su fuero interno. No es incompatible este saludable delirio con la lúcida visión de nuestra condición menesterosa, sino que es en parte corregido por ella, pero en parte sirve para corregirla.

La tarea del héroe, págs. 419-422

Voluntad ilustrada

El querer es la base de la ética, por ser lo más originario en el hombre. Que el deseo sea anterior al deber y a la posibilidad significa, aquí, que es más real, más auténtico, más humano, y que, por eso mismo, la labor del pensamiento ético consistirá más bien en hacer ver qué es lo que cada uno quiere realmente, *labor tan complicada como lo es, en definitiva, el buen empleo de la libertad.*

* * *

De lo que se trata es de averiguar *qué quieren* los hombres. La ética no proviene de otra parte más que de la voluntad humana. Soy moral no cuando hago lo que debo —¡puaf!— sino cuando me atrevo a hacer lo que quiero. Lo que realmente quiero. Pero no es fácil lograr tal cosa, pues mi propio querer permanece en buena medida oscuro para mí. *La tarea de la ética no es fundar el deber ni proporcionar decálogos sino ilustrar el querer.* Desde muy antiguo nos lo dijeron: el camino a la virtud es el conocimiento, nadie es malo a sabiendas. La trivialidad se escandaliza ante estas nobles verdades, que aún suenan un poco audaces: «Pero ¿acaso no quieren los individuos cosas muy diferentes?, ¿y si alguno quiere el crimen o el vicio?» Ya lo dijo Spinoza: si alguno ve claramente que le conviene más ahorcarse que degustar una buena comida, que se ahorque y nos deje en paz. Pero cuidado: la gracia está *en que lo vea claramente...* Y es que el querer de que aquí se habla es previo a la constitución de cada individuo como tal y por ello es común a todos, porque no pertenece a nadie. El «quiere» precede y configura el «es» y se afirma en el «debe». Pero ocurre que el querer lo que desea ante todo es permanecer abierto, libre, y por tanto puede engañarse a sí mismo, es decir, puede permitirse *debili-*

dades o vicios. El «bien» que el querer quiere (ese «bien» que no es más que lo fundamentalmente querido) incluye la posibilidad del «mal» como su ingrediente esencial (ese «mal» que, de prevalecer, supondría la imposibilidad, el debilitamiento definitivo, del querer mismo).

Sobre vivir, págs. 14-15

Egoísta e interesado

Mi asco y mi indignación ante el dolor evitable, estúpido, no se llama compasión sino fidelidad al placer. *Rechazo todas las penitencias. Voy a lo mío, que es lo de todos, sin enmienda.*

F. Savater

Amor propio *e* interés *son dos de las claves de la propuesta ética de Savater.* Amor propio *o, en tono más provocador,* egoísmo racional, *hace referencia a la idea de que la búsqueda racional de lo mejor para uno mismo implica necesariamente la consideración de lo mejor para los otros, que son también humanos. Por esta razón, una ética basada en el amor propio ha de ser, a su vez,* interesada, *interesada en la acción misma como búsqueda de lo bueno para uno mismo. De este modo, ambos aspectos van inevitablemente unidos.*

* * *

Entiendo por amor propio la *filautía* de la que habló Aristóteles, el afán de llegar a ser lo que se es recomendado por el oráculo, la búsqueda de la excelencia y la plenitud, empeño en lograr la vida buena según lo posible y razonable, la consideración teórica y norma práctica de lo más conveniente, la mejor estrategia de resistencia frente al cerco de la muerte, la procura del gozo y la serenidad, el egoísmo ilustrado. (…) Ser consciente del amor propio es desear lo mejor para uno mismo y poner la razón en juego para conseguirlo: tal intervención racional parte del conocimiento de la condición humana, de la estructura social y simbólica (lingüística) de la que brotamos y fuera de la cual no podemos realizarnos, advirtiendo que la elección mejor para mí mismo me obliga respecto a los otros, que me liga del todo a ellos sin dejar empero de postular una final independencia. El amor propio bien entendido exige el cultivo de instituciones sociales cuyo objetivo no sea la abolición perentoria o la disminución recelosa de la individualidad, sino su potenciación armónica.

(...) Lo distintivo del gesto auténticamente moral no es su carácter desinteresado sino por el contrario el apasionado interés puesto en él. En todas las épocas, en todas las culturas, se ha denominado virtud a la línea de conducta que más refuerza a quien la practica y que mejor le exalta e inmortaliza, aunque sea por medio del más extremo despojamiento de todos los bienes terrenales o incluso del aniquilamiento físico. Desde tal perspectiva, nadie es menos desprendido que el virtuoso, nadie más inexorablemente concernido por lo que su acción reclama. La imparcialidad es incompatible con la ética, que consiste en ser lo más consecuentemente parcial que resulte posible con el propio interés (es decir, con el interés de ser humano): por decirlo en clave kantiana, el imperativo categórico moral consiste en obrar de tal modo que la parte merezca convertirse en todo.

[...]

Tengo por moralmente buenos los actos humanos (es decir, voluntarios y pasablemente conscientes) que pretenden contribuir a la autoafirmación, reconocimiento y salvaguardia del hombre por sí mismo. *Autoafirmación* quiere decir: conservación y disfrute del ser propio; *reconocimiento* quiere decir: conciencia consecuente de que la humanidad proviene del intercambio comunicativo con los semejantes; *salvaguardia* quiere decir: protección solidaria y recíproca sin exclusiones de quienes compartimos el mismo destino vital. Al conjunto de estos requisitos he llamado en otro lugar «amor propio» pero no me importaría verlo designado como «egoísmo racional». El amor propio supone la asunción de ese afán de *inmortalidad* —es decir, plenitud garantizada institucionalmente de vida significativa— que constituye el objetivo primordial de todas las culturas y sociedades. La ética así entendida es un propósito y también una obligación del hombre para con los hombres, distinta de la *piedad* que puede profesar hacia otros elementos o manifestaciones no personales del cosmos en que vivimos. En este sentido, la ética es sin duda una forma de discriminación activa entre lo que es humano y lo que no lo es: la moral no es una actitud de reverencia general del hombre ante el universo, sino una disposición audazmente unilateral y universal a favor del hombre dictada en la intimidad de su propia voluntad libre por el hombre mismo. Generosas vaguedades del tipo «hay que respetar todo género de vida» o «es malo infligir dolor a cualquier ser sensible» son afirmaciones que pertenecen a creencias religiosas pero no a la moralidad autónoma y humanista en cuanto tal.

Humanismo impenitente, págs. 55-56 y 155-156

La buena vida

Convertir la vida en obra de arte.
F. Savater

La ética significa búsqueda de la mejor manera posible de vivir y no renunciamiento a los placeres de la vida, búsqueda de la mejor vida posible, pero vida humana, *es decir, compartida con aquellos que también son capaces de libertad y que hacen posible, en su mutua relación, el desarrollo del individuo.*

* * *

Y no hagas caso a los tristes ni a los beatos, con perdón: la ética no es más que el intento racional de averiguar cómo vivir mejor. Si merece la pena interesarse por la ética es porque nos gusta la buena vida. Sólo quien ha nacido para esclavo o quien tiene tanto miedo a la muerte que cree que todo da igual se dedica a las lentejas y vive de cualquier manera...

Quieres darte la buena vida: estupendo. Pero también quieres que esa buena vida no sea la buena vida de una coliflor o de un escarabajo, con todo mi respeto para ambas especies, sino una buena vida *humana.* Es lo que te corresponde, creo yo. Y estoy seguro de que a ello no renunciarías por nada del mundo. Ser humano, ya lo hemos indicado antes, consiste principalmente en tener relaciones con los otros seres humanos. Si pudieras tener muchísimo dinero, una casa más suntuosa que un palacio de las mil y una noches, las mejores ropas, los más exquisitos alimentos, los más sofisticados aparatos, etc., pero todo ello a costa de no volver a ver ni a ser visto por ningún ser humano jamás, ¿estarías contento? ¿Cuánto tiempo podrías vivir así sin volverte *loco?* ¿No es la mayor de las locuras querer las cosas *a costa* de la relación con las personas? ¡Pero si precisamente la gracia de todas esas cosas estriba en que te permiten —o parecen permitirte— relacionarte más favorablemente con los demás! Por medio del dinero se espera poder deslumbrar o comprar a los otros; las ropas son para gustarles o para que nos envidien; y lo mismo la buena casa, los mejores vinos, etcétera. Y no digamos los aparatos: el vídeo y la tele son para verles mejor, el *compact* para oírles mejor y así sucesivamente. Muy pocas cosas conservan su gracia en la soledad; y si la soledad es completa y definitiva, todas las cosas se amargan irremediablemente. La buena vida humana es buena vida *entre seres humanos* o de lo contrario puede que sea vida, pero no será ni buena ni humana.

Las cosas pueden ser bonitas y útiles, los animales (por lo menos algunos) resultan simpáticos, pero los hombres lo que queremos ser es humanos, no herramientas ni bichos. Y queremos también ser *tratados* como humanos, porque eso de la humanidad depende en buena medida de lo que los unos hacemos con los otros. Me explico: el melocotón nace melocotón, el leopardo viene ya al mundo como leopardo, pero el hombre no nace ya hombre del todo ni nunca llega a serlo si los demás no le ayudan. ¿Por qué? Porque el hombre no es solamente una realidad biológica, natural (como los melocotones o los leopardos), sino también una realidad cultural. No hay humanidad sin aprendizaje cultural y para empezar sin la base de toda cultura (y fundamento por tanto de nuestra humanidad): el *lenguaje.* El mundo en el que vivimos los humanos es un mundo lingüístico, una realidad de símbolos y leyes sin la cual no sólo seríamos incapaces de comunicarnos entre nosotros sino también de captar la *significación* de lo que nos rodea. Pero nadie puede aprender a hablar por sí solo (como podría aprender a comer por sí solo o a mear —con perdón— por sí solo), porque el lenguaje no es una función natural y biológica del hombre (aunque tenga su base en nuestra condición biológica, claro está) sino una creación cultural que heredamos y aprendemos de otros hombres.

Por eso hablar a alguien y escucharle es tratarle como a una persona, por lo menos empezar a darle un trato humano. Es sólo un primer paso, desde luego, porque la cultura dentro de la cual nos humanizamos unos a otros parte del lenguaje pero no es simplemente lenguaje. Hay otras formas de demostrar que nos *reconocemos* como humanos, es decir, estilos de respeto y de miramientos humanizadores que tenemos unos para con otros. Todos queremos que se nos trate así y si no, protestamos. Por eso las chicas se quejan de que se las trate como mujeres «objeto», es decir, simples adornos o herramientas; y por eso cuando insultamos a alguien le llamamos «¡animal!», como advirtiéndole de que está rompiendo el trato debido entre hombres y que como siga así podemos pagarle con la misma moneda. Lo más importante de todo esto me parece lo siguiente: que la humanización (es decir, lo que nos convierte en humanos, en lo que queremos ser) es un proceso *recíproco* (como el propio lenguaje, ¿te das cuenta?). Para que los demás puedan hacerme humano, tengo yo que hacerles humanos a ellos; si para mí todos son como cosas o como bestias, yo no seré mejor que una cosa o una bestia tampoco. Por eso *darse la buena vida* no puede ser algo muy distinto a fin de cuentas de *dar la buena vida.*

Piénsalo un poco, por favor.

Ética para Amador, págs. 76-79

La vida alegre

Lo que me interesa no es si hay vida
después *de la muerte, sino que haya vida* antes.
F. Savater

La ética no es natural, es un artificio creado por el hombre gracias al cual hacerse con una especie de inmortalidad, otorgándole más importancia a la vida que a la muerte, experimentando la alegría de una vitalidad ajena a la muerte, que se quiere independiente de ella, aun sabiendo que es su límite ineludible, o precisamente por eso.

* * *

El mortal sabe que ha de perecer, pero ese conocimiento —aprendido de la lección cruel de quienes se le asemejan y de cuanto le rodea— implica algo así como verse *desde fuera,* obligándole a considerarse en una trama que le excluye de antemano en su calidad de algo único irrepetiblemente vivo. Desde *dentro,* desde la vitalidad protagonizada, el mortal es ante todo viviente y, pese a lo que sabe de la muerte, no cree en ella como cosa propia. La presciencia de la muerte cubre como un oscuro barniz, pero sólo superficialmente, a la experiencia de la vida. Esa experiencia se nutre de una invulnerabilidad que sentimos, aunque lo que sabemos la desmienta: de hecho, ni siquiera somos *conscientes* de ella y sólo se exterioriza a través de síntomas tan vigorosos como variadamente estilizados.

[...]

Queda aquí bien señalada la distancia entre la experiencia vitalista y el conocimiento mortal, cuya mediación intenta con mejor o peor fortuna el síntoma explícito que recoge el ánimo de la primera para narrarla de una forma racionalmente poco inteligible: tener fe en un dios personal que ha de rescatarnos de la muerte, aboliéndola en nuestro favor, satisface la vocación de invulnerabilidad vital que experimentamos, pero es irreconciliable con el conocimiento cierto de nuestra aniquilación personal que funda la posibilidad humanizadora del pensamiento. Es una forma balbuciente, engañosa en su autocomplacencia, de proclamar que pese a nuestra condena mortal estamos vitalmente a salvo de la muerte; que la muerte, lo más importante, es para quien se siente vivir lo que menos importa. El equívoco de este planteamiento estriba en que pretende justificar nuestro sentimiento de invulnerabilidad prometiendo que nos salvaremos de la muerte que viene —contradiciendo así nuestro saber más esencial— en lugar de confirmar que es la vida que tenemos, aunque perecedera, la que nos ha rescatado para siempre de la muerte *en que estábamos*.

[...]

Al nacer, no nacemos para la muerte, sino a partir de la muerte, surgiendo triunfalmente de la tumba eterna de lo que nunca fue ni será. La muerte puede borrar lo que somos, pero no el hecho de que hemos sido y de que aún estamos siendo. La vida de cada uno de nosotros, mortales, ya ha derrotado a la muerte una vez, la que más cuenta: y eso también lo sabemos, con la misma certeza que conocemos nuestro destino mortal.

[...]

De modo que por sabernos mortales sentimos desesperación, pero por sentirnos vivos experimentamos alegría. ¿Qué es la alegría? La constatación jubilosa de que lo más grave que podía ocurrirnos (digo grave no sólo en el sentido de penoso o desdichado, sino también en el de importante, serio e irrevocable) ya nos ha pasado al nacer; por tanto el resto de los incidentes que nos suceden o que nos aguardan no pueden ser para tanto. Hemos tenido suerte, no especialmente buena suerte o mala suerte, sino posibilidad de ambas: en el sorteo decisivo, nos tocó el ser frente al no ser.

[...]

El conocimiento es mortal, pero la razón es vital y por tanto alegre, como razonó primero Spinoza, después Nietzsche y en nuestro siglo Ortega y Gasset.

(...) Alegrarse consiste en afirmar, aceptar y aligerar la existencia humana. En primer término, afirmar la vida en su realidad limitada pero intensamente efectiva frente al cúmulo de supersticiones que la ocultan o calumnian: negarse a desvalorizarla por no ser eterna —palabra mitológica que oculta una brumosa ausencia de concepto—, sino irrepetible y frágil, rechazar el absurdo platónico que la decreta ilusoria por comparación a unas ideas cuya única entidad proviene de la vida misma, reconocerla como patrón de valores y verdades frente a los que proclaman su miseria y su mentira. Consecuencia de esta afirmación es la aceptación de la vida que propongo como el segundo efecto de la alegría: asumir su precio de dolor, frustración, injusticia y —lo más indigerible de todo— la muerte inseparable de ella. Afirmar la vida es negarse a ponerle condiciones, a exigirle requisitos de aceptabilidad (me refiero a la vida humana como realidad global aunque en cada caso individual precisamente el amor a determinados contenidos vitales puede justificar la renuncia a la prolongación biológica de la existencia). En una palabra, afirmar alegremente la vida es *darla por buena,* aunque ello no equivalga a considerar *buenos* cada uno de los episodios y factores que incidentalmente concurren en ella.

Y de la primordial afirmación de la realidad de la vida y de su aceptación incondicional proviene como consecuencia la tercera tarea de la alegría, la más relacionada con la propia etimología de la palabra, si hemos de creer a Ortega: su función de aligerar la situación humana. Dado que la muerte —que es lo que más pesa sobre la vida, lo que la convierte en cosa gravosa y grave— es fatalidad y sinsentido, la alegría aligera la existencia fomentando la libertad frente a lo fatal y también el sentido —lo humanamente significativo, lo que entre humanos compartimos— frente al absurdo mortífero. Así brotan esos artificios creadores de libertad y sentido que son el arte, la poesía, el espectáculo, la ética, la política, incluso la santidad. El fondo de todos ellos es siempre la celebración gozosa de la vida como suceso paradójicamente inmortalizador surgido en el ancho campo de la muerte. Insisto: no se trata de *negar o soslayar* la evidencia de la muerte, sino de aligerar la vida de su peso desesperante. Incluso convirtiendo la muerte misma en tónico de la vida o sacando estímulo de lo que también por otra parte nos desespera. Quien tiene el secreto de la alegría trágica, como Shakespeare, puede ser sombrío, pero nunca será deprimente...; nos hace más profundos, pero también más ligeros. El lema de esta actitud a la vez misteriosa y tónica nos lo dio, como tantas otras veces, Montaigne: *je ne fais rien sans gaieté.*

De todas las iniciativas vitales promovidas desde el sentimiento alegre de nuestra invulnerabilidad existencial, la más directamente opuesta a la desesperación, sus pompas y sus obras (la menos contaminada por ella) es la *ética.* (...) La actitud ética es adoptar la estrategia de la inmortalidad —dado que también somos vencedores de la muerte, además de sus víctimas— y vivir como quienes pueden imponer una impronta libre y un sentido compartido (valga la redundancia) a su destino de fatalidad y absurdo. De tal modo que la muerte queda asumida como límite, pero descartada como maestra de la vida. Es eso sin duda a lo que apunta Spinoza cuando establece que el sabio en nada piensa menos que en la muerte y toda su sabiduría es sabiduría de la vida. El sabio spinozista —es decir, quien es capaz de alegría racional— no practica la *meditatio mortis,* pues ésta sólo puede desembocar en dos conclusiones opuestas (aunque a veces secretamente cómplices): la desesperación racionalista o la esperanza irracional. Los cálculos de la primera acarrean consecuentemente, miedo, codicia y odio —como ya fue dicho—, o sea, lo que llamamos *maldad* (toda maldad es *a la desespe-*

rada), mientras que los fervores de la segunda promueven otra actitud indeseable, la superstición, que disfraza lo que sabemos bajo beneficios o maleficios de los que nada podemos saber. Por eso concluye Spinoza que no hay nada que aprender de la muerte, que todas sus lecciones (a diferencia de las del dolor, que pueden ser muy útiles) son fatales y que más nos vale no saber nada de aquello de lo que nada vitalmente provechoso podemos aprender.

La ética no es pues un código, sino más bien una perspectiva para la reflexión práctica sobre nuestras acciones. Y también una de las estrategias de inmortalidad a disposición de los mortales, es decir, otra forma de arte. Por supuesto no consiste en un conjunto de normas categóricas ni hipotéticas: en la vida moral todas las situaciones son excepcionales, porque se refieren a lo irrepetible y único de cada libertad individual. Tal libertad, desde luego, no es ruptura de la infrangible cadena de las causas, sino la creación de sentido que une, más allá de hostilidades y diferencias, a todos los mortales conscientes de serlo. La ética consiste en poner nuestra libertad al servicio de la camaradería vital que nos emparienta con nuestros semejantes en desesperación y alegría... Tampoco las virtudes pueden definirse en abstracto, formando una especie de tarot de figuras ideales de comportamiento establecidas de una vez para siempre, pues la disposición ética consiste en una orientación armónica de las capacidades y no en apuntarse a la lista más exhaustiva de ellas como quien se apunta a los aparatos musculadores más recomendados de un gimnasio. Por eso Nietzsche habló de que lo moralmente difícil es hacernos dueños de nuestras virtudes, no coleccionarlas. ¿Deberes, obligaciones, sanciones? La conciencia íntima de obligación y el refuerzo externo de la sanción pueden tener efectos socialmente provechosos, pero no por ello dejan de constituir prótesis para una voluntad ética que se siente ocasionalmente inválida, cuya alegría flaquea en frecuente desconcierto.

Porque la desesperación seguirá estando siempre también en nosotros, como la muerte misma a partir de la cual comienza nuestro pensamiento y cuyas lecciones sólo relativamente podemos desoír. No hay ética pura, sino intento de rememorar racionalmente la alegría frente al entristecimiento desesperado que enloquece, ante la muerte y contra ese otro enloquecimiento, a veces más amable, de la esperanza supersticiosa a la que no basta el haber derrotado ya a la muerte naciendo y quiere vencerla también no muriendo. Sostenerse en la alegría es el equilibrismo más arduo, pero el único capaz de conseguir que todas las penas humanas merezcan efectivamente la pena. A eso llamamos ética: a penar alegremente.

Despierta y lee, págs. 30-37

De ratones y leones

La distinción entre ambas especies animales le sirve a Savater para ilustrar la diferencia entre carácter siervo y carácter libre, según la cual el libre sabe que el mayor mal producido a un semejante es mal contra sí mismo y, de igual modo, lo bueno que se hace a sí mismo no puede ser sino bueno para los demás humanos. Por su parte, el siervo teme el mal que le puedan hacer los demás por lo que no deja de dañarse a sí mismo mientras perjudica a los otros. Como ya se nos ha advertido, la libertad es una cuestión de verdadera valentía personal.

* * *

A corto plazo, tratar a los semejantes como enemigos (o como víctimas) puede parecer *ventajoso.* El mundo está lleno de «pillines» o de descarados canallas que se consideran sumamente astutos cuando sacan provecho de la buena intención de los demás y hasta de sus desventuras. Francamente, no me parecen tan «listos» como ellos se halagan en creer. La mayor *ventaja* que podemos obtener de nuestros semejantes no es la posesión de más cosas (o el dominio sobre más personas tratadas como cosas, como instrumentos) sino *la complicidad y afecto de más seres libres.* Es decir, la ampliación y refuerzo de mi *humanidad.* «Y eso ¿para qué sirve?», preguntará el pillo, creyendo alcanzar el colmo de la astucia. A lo que tú puedes responderle: «No *sirve* para nada de lo que tú piensas. Sólo los *siervos* sirven y aquí ya te he dicho que estamos hablando de seres *libres.*» El problema del canalla es que no sabe que la libertad no sirve ni gusta de ser servida sino que busca *contagiarse.* Tiene mentalidad de esclavo, el pobrecillo... ¡por muy «rico» en cosas que se considere a sí mismo!

Y suspira luego el canalla, ahora ya tembloroso y reducido a simple pillín: «Si yo no me aprovecho de los otros, ¡seguro que son los otros los que se aprovechan de mí!» Es una cuestión de ratones-esclavos y leones-libres, con las debidas reverencias para ambas especies zoológicas de mi mayor consideración. Diferencia número uno entre el que ha nacido para ratón y el que ha nacido para león: el ratón pregunta «¿qué me pasará?» y el león «¿qué haré?». Número dos: el ratón quiere obligar a los demás a que le quieran para así ser capaz de quererse a sí mismo y el león se quiere a sí mismo por lo que es capaz de querer a los demás. Número tres: el ratón está dispuesto a hacer lo que sea contra los demás para prevenir lo que los demás pueden hacer contra él, mientras que el león considera que hace a favor de sí mismo todo lo que hace a favor de los demás. Ser ratón o ser león: ¡he aquí la cuestión! Para el león está bastante claro —«tenebrosamente claro», como diría el poeta Antonio Machado— que el primer perjudicado cuando intento perjudicar a mi semejante soy precisamente yo mismo... y en lo que tengo de más valioso, de menos *servil*.

Ética para Amador, págs. 134-136

Ni pasado ni futuro

Que la ética sea cosa sólo del presente implica que ése es el ámbito de lo posible, es decir, allí donde la libertad humana puede actuar. Cuando algo —sea el pasado o sea el futuro— se pone por encima del presente, la libertad corre peligro porque tanto el pasado como el futuro escapan a la acción humana, que es siempre presente. Por esta razón, la creencia en el pasado o en el futuro, en todas sus formas, es fuente de esclavitud.

* * *

De lo que se trata es de potenciar la fuerza en la actualidad, lo que significa *aceptar inequívocamente* lo que hasta hoy ha permitido o coadyuvado a que nuestra fuerza sea lo que es. Nadie se equivocaría tanto en la lectura de este panfleto como quien leyese en él una *preferencia* de cualquier tipo por el pasado, sea la época medieval o incluso la sociedad sin Estado de los indios tupíes que estudió tan brillantemente el llorado Pierre Clastres: preferir el pasado no es mejor, ni siquiera fundamentalmente distinto, que hipotecar lo presente a lo futuro. La nostalgia y la esperanza son dos vicios simétricos del corazón, dos perversiones teóricas de las que cura la revocación del tiempo que llamó Nietzsche «eterno retorno».

Panfleto contra el Todo, pág. 38

La ética nada sabe del futuro y nada espera de él; su reino es el tiempo que no existe, el momento que aún no ha pasado ni va a llegar, el presente. (...) El presente es el momento de tomar la decisión y esta decisión, en lo moral, nunca puede ser aplazada ni tampoco impuesta por ninguna serie causal anterior. La decisión toma en cuenta, por supuesto, las lecciones del pasado (la «memoria de lo que uno es», la «fidelidad al origen» son cualidades netamente heroicas, es decir, éticas) y también contempla el futuro a que se aspira (ese ideal ético que perpetuamente «está viniendo» aunque, en cuanto ideal, siempre se encuentre a la misma distancia), pero su puesto está en el presente, o sea en lo posible. No el pasado ni el futuro, sino el presente es el lugar de lo posible. En el pasado todo ya es irremediable y necesario y previsible *(a posteriori,* eso sí), consecuencia de lo anterior y nada puede ser ya rescatado ni recuperado: los paraísos son cosa del pasado y decir por tanto «paraíso perdido» es un pleonasmo, pues no puede haber paraíso más que en cuanto perdido. En el futuro todo ha ocurrido ya también, se ve como conseguido aquello por lo que se lucha y entonces, sólo entonces, puede saberse a ciencia cierta por qué se lucha: por qué y para qué; podrá finalmente descansarse pues todo habrá salido ya bien (o mal, para el caso tanto da) y uno se habrá librado ya también de la zozobra, de esa incertidumbre que nace de que el cumplimiento de las cosas depende aún de nosotros y no del tiempo... Como su lugar no es el futuro, es decir, como su fuerza no le viene de lo que pasará después, la ética no distingue entre fines y medios: quizá sea ésta su principal característica.

Invitación a la ética, pág. 98

Nobleza interior

Las claves de la ética propuesta por Savater se encuentran condensadas de un modo ejemplar en la idea de que el criterio para nuestra vida nazca de uno mismo, de lo que uno es realmente, de lo que uno desea realmente, no de imposiciones externas (como el miedo al castigo o la esperanza del premio). Así, el individuo libre es el que no se traiciona a sí mismo, el que se atreve a comportarse atendiendo sólo a su propia libertad.

* * *

El oráculo pindárico ordenaba: *llega a ser lo que eres;* y François Mauriac, al final de su vida, contestaba a la pregunta periodística «de no haber sido quien es, ¿qué otro hubiera querido ser?» con un rotundo: *Moi-même, mais réussi.* Nada tan arriesgado y comprometido como sobreponerse a todo aquello que conspira con su inercia a cerrarnos el paso hacia nuestro propio logro: pero el complot comienza en nuestro fuero interno, con la duda sobre nuestra propia indestructibilidad, es decir, sobre que realmente somos lo que queremos ser con sólo arriesgarnos firmemente a ello... y tanto para bien como para mal.

[...]

No empeñarse en alcanzar la indestructibilidad quiere decir no suponerla *fuera,* como algo a conseguir y a incorporar a nuestra sustancia, a la que sólo se añadirá accidentalmente (¡y quién sabe si podremos permitimos tan insólito lujo!), sino dejarla fluir desde *dentro* en sus manifestaciones creadoras como algo que se ama activamente a sí mismo por ser lo que es.

El héroe aspira a la perfecta *nobleza,* es decir, a que su deber no se le imponga como una coacción exterior, sino que consista en la expresión más vigorosa y eficaz de su propio ser.

[...]

En el héroe el rechazo del mal deriva directamente de la voluntad de perseverar en su ser, por decirlo con expresión spinoziana, no del temor a ningún tipo de castigo impuesto por una autoridad exterior. O sea, que el héroe no es malo porque eso no va con él: lo que equivale a decir que al rechazar lo que no va con él muestra ejemplarmente qué es el mal. Ceder al mal es tener una debilidad, debilitarse; lo malo del mal es precisamente la debilidad que encierra. De aquí que el héroe no puede triunfar de cualquier modo (pues no todo imponerse o dominar es un triunfo), sino que triunfa porque no se desmiente, porque no aspira a ningún premio ajeno a lo que él mismo es: nobleza consiste en no olvidar lo que uno es ni enajenarse por lo que la convención externa considera un bien. Pero también estriba la nobleza en no temer ni calumniar a la voluntad propia, en *atreverse a querer...* Respecto a quién es, el héroe se halla en una paradójica condición (paradójica, al menos, cuando se la considera superficialmente): por una parte, ha de guardar fidelidad a la memoria de su origen (es decir, no olvidar por qué salió de casa); por otro lado, debe ganarse una genealogía, esto es, debe *merecer ser quien es.*

[...]

Hay dos virtudes directamente relacionadas con la nobleza, que pudiéramos decir que son la nobleza misma: el valor y la generosidad. Todas las demás virtudes provienen de éstas y ninguna es imaginable en quien es cobarde o mezquino. Valor para conquistarlo y defenderlo todo, generosidad para renunciar a todo; valor para considerar que nada está vedado por su altura o dificultad, generosidad para no necesitar nada; valor para afrontar la insoslayable desdicha, generosidad para compartir la improbable felicidad; valor del héroe para ser él mismo y valor para admitir que está condenado a no serlo del todo, a serlo en tanto va dejando también de serlo: y a este último tipo de valor hay que llamarlo generosidad. Nietzsche, por su parte, en un sentido muy próximo al aquí apuntado, fundió valor y generosidad en una sola joya que propuso como destino del que supera todo resentimiento y habló de *la virtud que hace regalos*.

La tarea del héroe, págs. 432-434

La violencia natural

Dado que la violencia es un elemento natural, primario, la ética trata de distanciarse de ella, de superarla aplicando a todo conflicto una racionalidad artificial, *es decir, que va más allá de la solución violenta que de modo natural surge. Puede que sea cierto que la vida consista esencialmente en lucha, pero, precisamente por eso, sería oportuno que la vida fuera, para nosotros, más* humana *que* natural, *más invento y artificio que naturaleza, resultado de una mediación que regula o desplaza la violencia instintiva.*

* * *

La solución violenta es la primera que se le ocurre a todo el mundo para resolver los problemas, porque es la atávica, la que responde a los himnos predatorios de nuestro paleo-córtex; pero es preciso poner en funcionamiento alternativas más complejas y darle su oportunidad al neo-córtex. Este último se caracteriza porque atiende a razones y no sólo a fobias o apetencias. De vez en cuando, el neo-córtex se convierte en abogado y portavoz de su troglodítico antecesor: sostiene que las instituciones políticas no son sino inevitable reflejo de fuerzas cuyo necesario mecanismo escapa al control voluntario humano que sólo podrían ser transformadas por una conflagración apocalíptica que permitiese la implantación de un orden nuevo. Hay pues una tarea polémica que debe ser acometida y sostenida cuando haga falta, la doble cruzada teórica contra los que afirman que el sistema vigente es inmutable y contra los que opinan que no puede ser modificado más que por medios violentamente quirúrgicos, contra los que en todo ven el sello inalterable de la jerarquía biológica o de las inexorables leyes de la producción y del mercado. Pero sobre todo es imperioso plantar dialécticamente cara a quienes apoyan el punto de vista de la lógica militar sea para mantener el orden actual o para revocarlo.

Lo que he llamado ya en diversas ocasiones *lógica militar* es una determinada perspectiva que se complace en lo que de tenso e irreductible tiene todo enfrentamiento entre hombres. Cada conflicto de ideas, pasiones o intereses, encierra un coágulo durísimo, insoluble, que pide a gritos la pura y simple supresión del adversario para afirmarse sin trabas. Desde un ciertamente fuerte y arraigado punto de vista, filogenéticamente muy primitivo pero de permanente influencia, abolir al otro es la manera auténticamente eficaz de afirmarse.

[...]

Al hombre le ha llevado mucho tiempo no diré suprimir pero sí *mediar* este planteamiento y hacerlo compatible con los ideales éticos de comunicación y reconocimiento, con los ideales comerciales de intercambio y con los ideales políticos de cooperación y solidaridad. Esta mediación es frágil y por tanto preciosa, mientras que la entrega a la hostilidad inmediata tiene la solidez y también la irrelevancia para lo propiamente humano de una determinación biológica. El partidario de la lógica militar está convencido de que lo único que cuenta es prevalecer en el enfrentamiento y doblegar al contrario, sometiéndolo o destruyéndolo; las mediaciones de este impulso primitivo en forma de ideales éticos o políticos le parecen cobardía o añagazas ideológicas del adversario. Sostiene tenazmente que *en el fondo* todo es pura lucha, guerra primordial por la supervivencia o la primacía, que la única forma de sobrevivir y afianzarse en la existencia es precisamente vencer. Y, en efecto, esto es lo que cuenta «en el fondo», sea dicho fondo las fuerzas económicas o los mecanismos inconscientes: pero se desdeña aquí todo lo que no es fondo, el constructo humano, lo edificado a partir de ese fondo ciego. *Todo lo que cuenta en la cultura es resultado, nunca fondo.* Y la paz, como el entendimiento comercial, la discusión, la protección social de los débiles, los derechos humanos, etc., son logros culturales que no pueden ser reducidos a su brutal «fondo» por la sinceridad reduccionista de uno u otro signo sin que se pierda lo más importante que hay en ellos. El partidario de la lógica militar desanda hacia un naturalismo inexorable y obtuso el difícilmente equilibrado camino por el que los hombres avanzan hacia lo artificial, es decir, hacia la obra del espíritu donde habrán de redimirse de la necesidad natural.

Sobre vivir, págs. 49-51

Ética *versus* política

La diferencia entre ética y política reside en que la primera nace del propio deseo de cada uno y, por tanto, de su libertad individual, mientras que la segunda, al estar obligada a atender la convivencia de un conjunto de personas, hace referencia a los resultados de la conducta de los individuos. La política no puede cancelar la posibilidad de la ética, es decir, aun suponiendo que una sociedad se acerque a la perfección o, incluso, llegue a ella, no quedaría eliminada la actuación individual, con respecto a la cual, cada uno ha de decidir, en cada caso, asumiendo su propia libertad y responsabilidad. El más perfecto sistema político no excluye el mal.

* * *

La ética se ocupa de lo que *uno mismo* (tú, yo o cualquiera) hace con su libertad, mientras que la política intenta coordinar de la manera más provechosa para el conjunto lo que *muchos* hacen con sus libertades. En la ética, lo importante es *querer* bien, porque no se trata más que de lo que cada cual hace porque quiere (no de lo que le pasa a uno quiera o no, ni de lo que hace a la fuerza). Para la política, en cambio, lo que cuentan son los *resultados* de las acciones, se hagan por lo que se hagan, y el político intentará presionar con los medios a su alcance —incluida la fuerza— para obtener ciertos resultados y evitar otros. Tomemos un caso trivial: el respeto a las indicaciones de los semáforos. Desde el punto de vista moral, lo positivo es querer respetar la luz roja (comprendiendo su utilidad general, poniéndose en el lugar de otras personas que pueden resultar dañadas si yo infrinjo la norma, etc.); pero si el asunto se considera políticamente, lo que importa es que nadie se salte los semáforos, aunque no sea más que por miedo a la multa o a la cárcel. Para el político, todos los que respetan la luz roja son igualmente «buenos», lo hagan por miedo, por rutina, por superstición o por convencimiento racional de que debe ser respetada; a la ética, en cambio, sólo le merecen aprecio verdadero estos últimos, porque son los que entienden mejor el uso de la libertad. En una palabra, hay diferencia entre la pregunta ética que yo me hago a mí mismo (¿cómo quiero *ser,* sean como sean los demás?) y la preocupación política por que la mayoría *funcione* de la manera considerada más recomendable y armónica.

Detalle importante: la ética no puede *esperar* a la política. No hagas caso de quienes te digan que el mundo es políticamente invivible, que está peor que nunca, que nadie puede pretender llevar una buena vida (éticamente hablando) en una situación tan injusta, violenta y aberrante como la que vivimos. Eso mismo se ha asegurado en todas las épocas y con razón, porque las sociedades humanas nunca han sido nada «del otro mundo», como suele decirse, siempre han sido cosa de este mundo y por tanto llenas de defectos, de abusos, de crímenes. Pero en todas las épocas ha habido personas capaces de vivir bien o por lo menos empeñadas en intentar vivir bien. Cuando podían, colaboraban en mejorar la sociedad en la que les había tocado desenvolverse; si eso no les era posible, por lo menos no la empeoraban, lo cual la mayoría de las veces no es poco. Lucharon —y luchan también hoy, no te quepa duda— por que las relaciones humanas políticamente establecidas vayan siendo eso, más humanas (o sea, menos violentas y más justas); pero nunca han esperado a que todo a su alrededor sea perfecto y humano para aspirar a la perfección y a la verdadera humanidad. Quieren ser los primeros de la buena vida, los que arrastran a los demás, y no los últimos a la zaga de todos. Quizá las circunstancias no les permitan llevar más que una vida *relativamente* buena, peor de lo que ellos desean... Bueno, ¿y qué? ¿Serían más sensatos siendo malos del todo, para dar gusto a lo peor del mundo y disgusto a lo mejor de sí mismos? Si estás seguro de que entre los alimentos que se te ofrecen hay muchos que están adulterados o podridos, ¿intentarás mientras puedas comer cosas sanas, aun sabiendo que no por ello dejarán de existir venenos en el mercado, o te envenenarás cuanto antes para seguir la corriente mayoritaria? Ningún orden político es tan malo que en él ya nadie pueda ser ni medio bueno: por muy adversas que sean las circunstancias, la responsabilidad final de sus propios actos la tiene cada uno y lo demás son coartadas. Del mismo modo, también son ganas de esconder la cabeza bajo el ala los sueños de un orden político tan impecable *(utopía,* suelen llamarlo) que en él todo el mundo fuese «automáticamente» bueno porque las circunstancias no permitiesen cometer el mal. Por mucho mal que haya suelto, siempre habrá bien para quien *quiera* bien; por mucho bien que hayamos logrado instalar públicamente, el mal siempre estará al alcance de quien *quiera* mal. ¿Te acuerdas? A esto le venimos llamando «libertad» hace ya no poco rato...

Ética para Amador, págs. 169-172

La ética viva

«No basta con repetir que hay que ser buenos, hay que explicar cómo hay que ser buenos en cada momento.»

José Sánchez Tortosa: *¿Qué fuerza puede tener hoy día la actitud ética como tú la has ido definiendo en tus textos y, por tanto, que fuerza puede tener una actitud individual en un mundo como el que vivimos, tan complejo e interconectado?*

Fernando Savater: La ética es individual, pero no aislacionista, es decir, lo que plantea es qué puedo hacer yo como administrador de una voluntad en un mundo efectivamente interconectado, societario, donde obligatoriamente todos debemos estar pendientes unos de otros. La ética no dice me repliego en mí mismo y rechazo y desdeño todo lo demás, sino que a partir de mí voy a intentar enfocar una vida que tengo que llevar forzosamente en conjunto con sociedades y otros organismos; qué hago yo en el mundo y cómo lo voy a hacer, es decir, cómo voy a hacer mi tarea en el mundo. Entonces la ética no creo que lleve a aislarse de los demás, sino precisamente a ser consciente de que no siempre somos arrastrados por ellos. La ética es una conciencia de sujeto: uno está determinado, condicionado, influido en determinados aspectos, pero a la vez es un sujeto, es sujeto de esa manera condicionada, determinada, influida, pero es un sujeto. Esa conciencia de sujeto, ser sujeto de la libertad, ése es el punto de vista de la ética. Lo que la ética reclama en sociedad, frente al cosmos, lo que sea, es que tienes que tener conciencia de sujeto en una cierta medida y esa medida es la que explora la ética.

J. S. T.: *¿Y no crees que la fuerza o las posibilidades de esa actitud pueden ser menores hoy que en otro momento histórico?*

F. S.: Siempre me pasman esas personas que comparan este momento histórico con el siglo XII o el XIII; es una frecuentación de los otros siglos que yo, desde luego, no tengo. *¿Cree usted que ahora la Humanidad es distinta a la del siglo XVII?* Pues no lo sé, como yo no he vivido en el siglo XVII me da la impresión de que no, pero yo no puedo estar seguro. Si Pascal abre la puerta y entra en este momento, dice una cosa y nos tenemos que someter a su criterio, pero yo, desde luego, no me atrevo a pronunciarme.

J. S. T: *¿Crees que se puede seguir suscribiendo, si es que algún día tú lo has hecho, el aserto socrático de que la maldad es únicamente ignorancia?*

F. S.: Creo que la maldad es *también* ignorancia. Quizá la maldad es ignorancia, pero casi toda la ignorancia comporta una dimensión de maldad o de males para una persona. Es probable que haya algo que nosotros llamamos mal y que simplemente sea una incompatibilidad con nuestro propio ser. En ese sentido, Spinoza lo vio bastante bien. Hay cosas que no es que sean malas desde cualquier punto de vista, sino que son incompatibles con nosotros. La ignorancia es la que hace que nos dediquemos a fomentar aquello que se va a terminar por revelar incompatible con nosotros. Ése es el mal que produce la ignorancia, que el ignorante es el que está atareado en fabricar cosas que antes o después se van a revelar incompatibles con él, pero luego hay cosas incompatibles que no hemos fabricado nosotros y que nos ocurren así, aparecen, y por mucho que nos empeñemos, como siempre que hay un terremoto, en decir que la culpa la tienen los constructores avarientos que construyen las casas con malos materiales, o que si nos dedicáramos a intentar curar el virus del sida en vez de traer dinero para los bombarderos, a lo mejor lo habríamos curado, que todo eso puede ser cierto, pero luego, a la vez, el virus del sida y los terremotos son malos en sí, son malos en el sentido de que son incompatibles con nosotros, porque verdaderamente nos fastidian. Hay cosas que son malas no solamente por ignorancia o por fábrica humana, porque en nuestra limitación estamos amenazados por muchos tipos de destrucción íntima y pública.

J. S. T.: *¿A qué crees que se debe que en el pasado y desdichado siglo XX, muchos se hayan escandalizado con figuras como Heidegger, en las que parecían combinarse al mismo tiempo la mayor de las mezquindades y un talento privilegiado?*

F. S.: Todos tenemos un poco esa tendencia de que lo que es bello debería ser a la vez bueno y verdadero, como ese ideal platónico que no se cumple. Cuando admiramos a un ser humano por unas razones, quisiéramos poder admirarlo por todas. Debido a esa necesidad de ensalzar, que es una parte muy noble de los seres humanos, admiramos por lo que tenemos de admirable y entonces, cuando hay una persona que tiene unos aspectos admirables, quisiéramos admirarlo en todos, y nos decepciona darnos cuenta de sus límites, lo cual en parte debería tranquilizarnos porque es como la gente que escribe biografías mezquinas o derogatorias de grandes hombres, demostrando estar llenos de debilidades. Por eso eran grandes, porque estando hechos como nosotros, a la vez compusieron la Novena Sinfonía. Si realmente hubieran sido seres impecables, no hubieran tenido mérito.

J. S. T.: *Una de las claves de tu propuesta ética es el reconocimiento en el otro. ¿No crees que hoy día a un ciudadano medio que vive en grandes ciudades europeas le está resultando eso cada vez más difícil por los flujos migratorios, la combinación en las grandes ciudades de culturas, no ya muy diferentes, sino incluso enfrentadas?*

F. S.: Esto ha ocurrido mucho en otras épocas, lo que hace que esas épocas en que ha habido un pensamiento moral realmente fuerte, no sólo dogma moral, sino pensamiento moral, sean épocas de mestizaje de este tipo. Por ejemplo, la Roma de Séneca estaba tan mezclada o más que las nuestras. En Roma veías señores nubios, judíos... y eso es precisamente lo que produce la reflexión moral. En esa variedad de seres humanos es cuando se empieza a reflexionar sobre lo que significa ser hombre y cómo deben vivir los hombres. Pero cuando todos los hombres son iguales, descienden de un mismo tronco, veneran a los mismos dioses, tienen las mismas costumbres, prácticamente no hay reflexión moral ninguna, hay una rutina moral, hay peso de una tradición moral, pero no hay reflexión moral. La reflexión moral viene con la quiebra de las certezas cuando se mezclan las situaciones. Nuestra época probablemente está más preocupada por cuestiones morales que muchas otras. Han caído las grandes mayúsculas de los discursos omnicomprensivos, el marxismo, el psicoanálisis. No tenemos respuestas y tenemos las cuestiones. ¿Qué pasa con la fecundación *in vitro,* la biogenética? No hay respuestas para todo eso. ¿Cómo se convive con una persona que tiene unas creencias que de alguna manera, por una parte, nosotros queremos ser tolerantes con él, pero por otra, si le toleramos acabamos con el edificio de nuestra propia tolerancia? Yo creo que nuestra época es, en ese sentido, moral, precisamente por la incertidumbre, la falta de reconocimiento y homogeneidad. La homogeneidad es muy esterilizadora para el planteamiento ético; en cambio, la heterogeneidad es lo que permite la reflexión ética.

J. S. T.: *Has mencionado un asunto que es de enorme actualidad y que se plantea en este nuevo invento de la bioética, la clonación humana. Desde un punto de vista ético como el que tú has ido desarrollando estos años, ¿qué tendrías que decir sobre esto? ¿Hay alguna respuesta, alguna toma de partido?*

F. S.: En principio, no sé lo que es la clonación. Sé lo que he leído en los periódicos, pero eso es todo. A mí me parece que el problema es que la idea de que hay algo intangible, de que no todo es manipulable, sea una idea que caiga sólo del lado de la religión y nunca del lado de una reflexión laica. Que la reflexión laica imponga como precepto que todo es manipulable, que no existe ningún espacio intocable y que, en cambio, solamente la visión religiosa o de lo sagrado introduce ese elemento de lo intocable. Quizá en este momento tengamos que reivindicar, sin creer en ninguna Iglesia ni en ninguna trascendencia, que dentro de la inmanencia hay elementos intocables o por lo menos que nosotros debemos hoy ver como intocables, la idea, por ejemplo, que dice *los seres humanos tienen derecho a la filiación, es decir, a un padre y a una madre*. Naturalmente no todos lo pueden tener por cuestiones históricas, biográficas, pero una cosa es que se le muera el padre, se le muera la madre, se le mueran los dos y se quede solo, y otra cosa es que sea programado así, o que le digan que es lo mismo que nazca con la posibilidad que abre el azar de cruce, de mestizaje, porque en el fondo todos los seres humanos somos mestizos porque procedemos de un hombre y de una mujer. Yo creo que no es verdad eso de que es lo mismo que procedamos del mestizaje o vengamos de una probeta clonando no sé qué o que da lo mismo que tengamos dos padres o dos madres que una madre y un padre *¿Explique usted por qué es bueno tener padre?* Bueno, es como si digo por qué es bueno tener hígado. Habría que empezar a pensar en si hay realmente algunos elementos o aspectos que debemos plantear como intangibles en cierta medida y no simplemente como una manipulación que hay que justificar desde el punto de vista utilitarista. Vamos a justificar que hay que tener padres por razones utilitarias, porque nos viene bien. No hay que caer en la visión religiosa que dice *esto es de Dios y por tanto el hombre no lo toca*. Bueno, no es de Dios, pero tampoco es del hombre. No es de nadie y, por tanto, como no es de nadie, no podemos meter la mano. Falta una reflexión sobre la verdad de la inmanencia porque la inmanencia no es aquello que está en manos de Dios, pero tampoco en manos de los hombres. Por ejemplo, se dice *se ha probado que los niños que tienen dos padres en vez de padre y madre, en el fondo tienen estadísticamente más posibilidades de ser ingeniero agrónomo que los demás*. No, no es eso, no es ése el problema. Habrá que buscarlo por otro lado. A mí eso me preocupa más que el que yo diga cosas sobre la clonación, porque lo que uno dice son tanteos y en el fondo sabemos muy poco.

J. S. T.: *¿Piensas que es tópico o tiene algo de verdad la idea de que la sociedad actual, o la juventud actual, carece de valores, cosa que sin ser nueva, se sigue diciendo?*

F. S.: Eso son tonterías. ¿Qué es eso de la crisis de valores? Todos los valores nacen de la crisis. El valor aparece en la crisis. Cuando uno ve a un señor muy grande pegando a un niño pequeño para robarle el chupete, entonces ahí surgen los valores. El valor surge de la disconformidad ante lo que es respecto a lo que debería ser. Pero lo que debería ser lo imaginamos como debería ser solamente cuando rechazamos lo que es. El valor no preexiste a lo que hay, sino que, dentro de lo que hay, al rechazar una cosa queda otra como valor. La visión ingenua es cuando dicen que la gente no tiene valores porque la gente se porta mal. Siempre es así. Es una cosa que nos preguntan a los profesores que damos clases de ética: «¿Cómo pueden ustedes hablar de tolerancia, solidaridad, si luego los chicos salen a la calle y ven un mundo de explotación, intolerancia?» Por eso tenemos que educar en estos principios, porque si no bastaría con decirles: «Hijo, sal a la calle y haz lo que veas.» No habría que hacer nada. La educación viene, precisamente, de que el mundo que se van a encontrar no es como el que nosotros queremos transmitir. Evidentemente, ni faltan ni sobran valores, lo que pasa es que en cada época hay que volver a hacer el razonamiento de apoyo de unos valores frente a los que los desvalorizan o comprometen, es decir, no basta con repetir que hay que ser buenos, hay que explicar cómo hay que ser buenos en cada momento y cuáles son los obstáculos a esa bondad o las perplejidades que se plantea quien tiene el propósito de la bondad. Y eso hay que explicarlo en cada época, por tanto no es que falten o sobren los valores, sino que faltan las personas capaces de reflexionar sobre esos temas.

(CASI) TODA LA POLÍTICA

Lo más natural para vivir como
hombres es precisamente la sociedad.
No se trata de elegir entre la naturaleza y
la sociedad, sino de reconocer que
nuestra naturaleza es la sociedad.
F. Savater

La revolución democrática

Vivir en una democracia moderna
quiere decir convivir con
costumbres y comportamientos
que uno desaprueba.
F. Savater

Es labor del filósofo, labor modesta pero urgente, la de determinar en la medida de lo posible el sentido preciso de vocablos y conceptos que son frecuentemente empleados en la vida diaria por los medios de comunicación y por las gentes. En algunos casos esta labor se vuelve aún más necesaria al tener que tratar términos que sirven para justificar los más variados comportamientos sociales. Si una idea es masivamente utilizada, conocer con el mayor rigor su significado será síntoma de salud mental y de defensa ciudadana contra posibles engaños. Uno de estos casos es el del concepto democracia *(y* demócrata*), caso especialmente importante pues, en el uso habitual, ha pasado de ser un concepto político a convertirse en título de corrección política que se adjudican tendencias y personajes muy diversos e, incluso, contrapuestos, además de ser utilizado, en su versión negativa («falsa democracia», «antidemócrata»), como descalificación o insulto.*

Aquí, Savater intenta justamente una aclaración de este concepto capital de la política por medio de tres aspectos básicos: democracia como experiencia auténticamente revolucionaria: en el sentido de que jamás se ha dado, de hecho, en la historia y rompe con la organización jerárquica de cualquier otro tipo de sociedad. Democracia como forma política que considera a los individuos únicamente en su condición de seres racionales y, en esa medida, con la misma posibilidad de participar en las decisiones políticas. Y democracia como invento de la Grecia clásica que cambió cualitativamente la historia de las sociedades humanas, ya que por primera vez se prefería decidir por uno mismo y discutir las ideas propias con los demás —con el riesgo de error y conflicto que ello implica— que aceptar sin más lo decidido de antemano por tradiciones, leyes, reyes o dioses.

* * *

Pese a que el término se ha ido aguando por el abuso y la manipulación, no hay invención más revolucionaria en el terreno político ni mejor vía para que la ética logre subvertir el enfeudamiento político al futuro y reivindique la emancipación del presente. Por lo mismo, nada en política es revolucionario ni subversivo si no es democrático: fuera de la democracia, todo es vuelta a los métodos más viejos del mundo, a la autocracia, al terror, al paternalismo, a los pocos que deciden «porque saben de verdad lo que los demás quieren o lo que la patria o el pueblo exige» y a los muchos que ni se atreven a querer, ni llegan a saber ni pueden decidir. Es preciso decir de inmediato que la democracia es un ideal o concepto límite de la organización social, no una fórmula política efectivamente existente aquí y ahora. Tanto las democracias «populares» como las occidentales del «mundo libre» distan enormemente de este ideal, que a la vez proclaman y pervierten. La democracia pretende la abolición efectiva de las desigualdades de poder, la supresión de los «especialistas» en mandar y la puesta en común de la gestión de los asuntos comunitarios, la organización de abajo arriba de la sociedad, la elección de todos los cargos y la elegibilidad para ellos de todos los ciudadanos, la revocabilidad no excesivamente dilatada de los mandatos, la permanente transparencia de la administración. Puede decirse que este programa equivale en buena medida a la disolución del Estado tal como hoy lo conocemos en la sociedad, disolución que quizá no pueda nunca ser absoluta ni sea deseable que lo fuere, pero cuyo límite nos es hoy tan lejano que no podemos establecerlo *a priori*.

Invitación a la ética, pág. 100.

En primer lugar, no se hace aquí un canto sin matices a la democracia como paraíso político sobre la tierra (quisiera más bien ayudar a descreer de cualquier tipo de paraíso político), sino que se pretende subrayar la radical importancia ética del planteamiento democrático de la creación social. La pretensión democrática es cualitativamente diferente a cualquier otra forma de legitimación del poder: no por sus resultados políticos, que pueden ser incluso peores que los de una autocracia o teocracia, sino por su concepción del hombre como ser esencialmente autónomo.

(...) Suponer que la institución social debe provenir de la asamblea de individuos autónomos y cualitativamente idénticos en la participación racional (aunque la facultad intelectiva esté repartida de modo cuantitativamente desigual) es aceptar que el hombre, antes que religioso, respetuoso, obediente, gregario, creyente, etcétera, debe ser ético, es decir, capaz de discernir, simbolizar y elegir valores según opción racionalmente justificada. «Racional» en este contexto no equivale a *racionalista* ni siquiera a *universalizador,* sino que más bien reclama la reciprocidad del diálogo, la aceptación del intercambio discursivo.

La tarea del héroe, pág. 493

La verdad es que la democracia se basa en una paradoja que resulta evidente a poco que se reflexione sobre el asunto: todos conocemos más personas ignorantes que sabias y más personas malas que buenas... luego es lógico suponer que la decisión de la mayoría tendrá más de ignorancia y de maldad que de lo contrario. Los enemigos de la democracia insistieron desde el primer momento en que fiarse de los muchos es fiarse de los peores. Los más grandes filósofos de Atenas, como Sócrates y su discípulo Platón, señalaron con agudeza que la gente no suele tener más que conocimientos «de andar por casa», basados en observaciones apresuradas de lo cotidiano y en lo que oyen decir a los demás: si se les pregunta qué es la belleza señalan a una chica guapa o a un chico hermoso, pero no saben en qué consiste el concepto mismo de belleza ni si la del alma es superior a la del cuerpo; lo mismo ocurre si se les cuestiona sobre el coraje, la justicia o el placer. Ignoran qué es el bien y cada cual lo confunde con lo que le gusta o le conviene... ¿cómo van a ser capaces entonces de establecer lo que es verdaderamente bueno para la ciudad? Las asambleas populares son un guirigay en el que cada cual sólo quiere hablar y salirse con la suya sin escuchar a los otros. La mayoría de los asuntos importantes de la comunidad, como la economía o los proyectos militares, son difíciles de comprender para los profanos: ¿cómo va a valer lo mismo la opinión del general y la del carpintero cuando lo que se esté discutiendo sea la estrategia para defenderse del enemigo? Además, la gente cambia de parecer cada dos por tres: hoy aborrecen y se indignan contra la idea que les parecía estupenda ayer. A la mayoría se la engaña con facilidad, cualquier sofista o demagogo que dice palabras bonitas es más escuchado que la persona razonable que señala defectos o problemas. Y al que no se le engaña, se le compra, porque el vulgo no quiere más que dinero y diversiones. Etcétera.

(...) Lo *natural* es que manden los más fuertes, los más listos, los más ricos, los de mejor familia, los que piensan más profundamente o han estudiado más, los más buenos, los más santos, los generosos, los que tienen ideas geniales para salvar a los demás, los justos, los puros, los astutos, los... los que quieras, ¡pero no *todos!* Es verdad que el poder sea cosa de todos, que todos intervengan, hablen, voten, elijan, decidan, tengan ocasión de equivocarse, intenten engañar o permitan que les engañen, protesten, metan baza... eso no es cosa natural, sino un invento artificial, una apuesta desconcertante contra la naturaleza y los dioses. Es decir: una *obra de arte.* Los griegos fueron grandes artistas: la democracia fue la obra maestra de su arte, la más arriesgada e inverosímil, la más discutida. El invento de que cada cual tiene derecho en la comunidad a que nadie viva por él, a acertar o engañarse por sí mismo, a ser responsable —aunque sea en una mínima parte— de los éxitos y los desastres que le conciernen. Este sistema no garantiza más aciertos que los habituales cuando manda uno solo o unos pocos; ni tampoco mejores leyes, ni mayor honradez pública, ni siquiera más prosperidad. Lo único garantizado es que habrá más *conflictos* y menos tranquilidad (suele decirse que tranquilidad viene de tranca: los despotismos y las tiranías no dejan moverse ni a una mosca). Pero el griego prefería discutir con sus iguales que someterse a los amos; prefería hacer disparates elegidos por él que disfrutar de aciertos impuestos por otro; quería inventar las leyes de su ciudad y poder cambiarlas si no funcionaban bien, en vez de someterse a los mandamientos inapelables, fueran naturales o divinos. Eran raros y originales aquellos griegos: pero muy valientes.

Política para Amador, págs. 89-92

Diálogo e Ilustración

Como hemos visto, es base de la democracia la reciprocidad del diálogo y su posibilidad de intercambio. Esto quiere decir, sencillamente, que hay algo en todo ser humano que le permite entender a cualquier otro y hacerse entender por cualquier otro, que el lugar del que habla puede ser ocupado por cualquiera independientemente de su raza, origen, nacionalidad, religión, clase social y demás circunstancias casuales *que en ningún caso pueden ocultar el factor común de lo que comparten los humanos y los pone en contacto. Por eso, el diálogo racional es esencialmente democrático y, por eso, no hay democracia si no existe la posibilidad de que cada cual se pronuncie de manera autónoma. Ese algo, la razón, hace posible el reconocimiento entre los seres humanos, y el diálogo es la forma que los seres humanos tiene de reconocerse, comunicarse, de ser libres (para equivocarse, para acertar) exactamente igual que sus semejantes, en definitiva, el diálogo es la forma de ser* humanos. *El diálogo, el discurso ilustrado, viene a ser, en la actualidad, para Savater, una salvaguarda imprescindible frente a tantos fenómenos sociales y políticos (fundamentalismo, nacionalismo, racismo, xenofobia, etc.) que excluyen a parte de la humanidad por razones más o menos caprichosas, en la medida en que eliminan la posibilidad de intercambio de papeles en igualdad de condiciones propia de todo diálogo.*

* * *

Dar cuenta de la gestión, explicar o justificar una teoría o incluso una creación artística: esto es posible porque yo me reconozco *en* el otro, porque la razón que me habita es la misma que le mueve a él, porque en él no puede haber nada oscuro e impenetrable que yo deba acatar sin investigación ni preguntas.

La fuerza que habita la postura o el pensamiento de cada cual se revelará por sí misma en el lenguaje que todos comparten, y de este modo será aceptada o repudiada sin concesiones a la ininteligibilidad mística.

La tarea del héroe, pág. 482

Tengo, pues, a la Ilustración por un movimiento cultural y político que precede al siglo XVIII (Montaigne o Spinoza caben en él) y que no presenta finiquito a comienzos del XIX (no excluye a Darwin, ni a Marx o Freud). Es racionalista —frente a las verdades reveladas o los dogmas tradicionales— pero no convierte ningún modelo simple de razón en nueva revelación o tradición intocable: la profundización en las urgencias irracionales que nos mueven a razonar es tarea ilustrada por excelencia, así como la permanente autorreferencia crítica. (...) La confianza providencialista en el progreso puede ser lo más periclitado de la Ilustración, pero no la noción de historia como memoria necesaria y proceso continuo en el que se contrastan proyectos y resultados. Francamente, en una época de rearme nacionalista, xenófobo e integrista, cuando las democracias se vacían de libertades y se rellenan con corruptelas autoritarias o demagógicas, la propuesta ilustrada me parece más que nunca un ideal a poner en práctica y también la herramienta insustituible para realizarlo.

Sin contemplaciones, págs. 13-14

¿Iguales y diferentes?

El diálogo, como ha sido precisado antes, supone y, a su vez, garantiza la igualdad entre los individuos, pero, de nuevo, ¿qué significa con exactitud igualdad? *Savater propone un sentido negativo y artificial de la noción de* igualdad. *La igualdad es la negación de que las diferencias* naturales *importan a la hora de ser ciudadano de una misma sociedad (éste es su sentido negativo). Por eso, precisamente, se trata al mismo tiempo de un concepto artificial, porque la igualdad ante la ley deja a un lado (niega su valor social) las diferencias que la naturaleza da a todo individuo. Como en otros asuntos, aquí la naturaleza es fuente de discriminación mientras que el artificio o invento humano (la ética, la política...) significa posibilidad de convivencia cívica, es decir, convivencia en igualdad y libertad. Así,* igualdad *es radicalmente distinto de* uniformidad *(o* igualitarismo), *es decir, de la idea de que todos debemos ser iguales, uniformes, idénticos. Es precisamente en una democracia con verdadera igualdad entre los ciudadanos donde cada uno puede ser uno mismo y, por tanto, diferente de los demás sin que eso suponga discriminación o persecución alguna, ya que ninguna peculiaridad individual influye en el trato que la ley dé al ciudadano.*

* * *

Los ciudadanos son iguales y, por tanto, cada cual puede hacer de cualquier cosa: nadie ha nacido para mandar ni está por esencia destinado a obedecer. «Mandar» y «obedecer» son *papeles* sociales que se adoptan y se abandonan como en el teatro; los iguales se transforman *en* los otros, en lugar de reconocer *a* los otros como superiores o inferiores *a priori.* Cada socio puede ser de muchas maneras diferentes, es móvil, múltiple, frente a la predestinación inexorable de la púrpura y la casta.

La tarea del héroe, págs. 481-482

Los estados de socialismo autoritario confunden interesadamente la democrática *igualdad* —que no es sino la negación de una supuesta jerarquía natural inscrita en la condición humana— con la uniformidad, mutilación impuesta desde el poder a la pluralidad de formas y expresiones de participación social según un burocrático criterio aunador; por su parte, los estados de modelo liberal pretenden hacer pasar la *desigualdad* —residuo oscuro de las castas teocráticas, enraizado ahora en la explotación económica y en la propia separación de gobernantes y gobernados, que se resiste a la transparencia social— por diferencia, siendo así que ésta, para darse de manera auténticamente democrática y ateológica —liberadora, por tanto— sólo puede brotar legítimamente de la igualdad negativa definida antes.

Los que confunden diferencia con desigualdad —en respuesta al uniformismo mecanicista y justiciero— olvidan que toda diferencia parte de un momento de igualdad, por fugaz que sea.

La tarea del héroe, pág. 490

No hay nada de evidente en eso de que los hombres son iguales. Más bien todo lo contrario: ¡lo evidente es que los hombres son radicalmente distintos unos de otros! Los hay cobardes y débiles, fuertes y valientes, fuertes pero cobardes, débiles pero valientes, guapos, feos, altos, bajos, rápidos, lentos, listos, bobos... por no hablar de que unos son niños, otros adultos y otros viejos, o que unos son mujeres y los demás hombres. De las diferencias de raza, lengua, cultura, etc..., no hablaremos por el momento para no liar las cosas demasiado desde el principio. Lo que quiero señalarte es que lo que salta a la vista no es la igualdad entre los hombres, sino su desigualdad o, mejor, sus diversas desigualdades según el aspecto de su físico o de su conducta que prefiramos considerar.

[...]

La democracia griega estaba sometida al principio de *isonomía:* es decir, las mismas leyes regían para todos, pobres o ricos, de buena cuna o hijos de padres humildes, listos o tontos. Sobre todo, las leyes eran inventadas por los mismos que debían someterse a ellas: había que tener cuidado en la asamblea con no aprobar leyes malas, porque uno podría ser su primera víctima... Nadie estaba en la ciudad por encima de la ley y la ley (la misma ley) tenía que ser obedecida por todos. Pero la ley no provenía de nada más elevado que los hombres, no era la orden irrevocable dada por los dioses o los antepasados míticos, sino que la asamblea de los ciudadanos (todos ellos políticos, es decir, administradores de su *polis)* era su origen y por tanto podía modificarla o abolirla si a la mayoría le parecía conveniente. Tan en serio se tomaban los antiguos atenienses la igualdad política de los ciudadanos, y tan convencidos estaban de que su obediencia se debía sólo a las leyes y no a personas, por «especiales» que fuesen (no aceptaban especialistas en mandar)... ¡que la mayoría de las magistraturas y otros cargos públicos de la *polis* se decidían por *sorteo!* Como todos los ciudadanos eran iguales, como ninguno podía negarse a cumplir sus obligaciones políticas con la comunidad (todo el mundo participaba en las decisiones y podía llegar a ocupar puestos de autoridad, pero era obligatorio decidir y mandar llegado el caso), echar a suertes los cargos políticos parecía a los griegos la mejor de las soluciones.

Política para Amador, págs. 82-86

La paradoja de la libertad

Vivimos el momento en que las acciones
liberadoras fabrican más sólidas cadenas
F. Savater

La libertad parece ser el concepto más directamente ligado a la democracia. También la libertad, en el sentido que le otorga Savater, es condición y no resultado de una vida verdaderamente humana. Querer ser libre es ya serlo en la forma más auténtica, porque se está al menos capacitado para obrar *libremente, para decidir por uno mismo. Por eso, Savater nos avisa (leyendo la obra de Etienne de La Boétie* Discurso de la servidumbre voluntaria o Contra el Uno) *de que la falta de libertad es, antes que nada, defecto de la valentía de cada uno. Para ser libre hay que atreverse a serlo, venciendo la tentación de acomodarse en la seguridad que ofrecen las diversas formas de la renuncia y la esclavitud («que decida mi padre», «que decida mi nación», «que decida mi dios»...). Este sentido de la idea de libertad le permite denunciar una falacia demasiado frecuente: la que pretende buscar el bien* a costa de *la libertad, sacrificando libertades como contrapartida para obtener otras ventajas sociales (seguridad, empleo...), como si una vez alcanzado ese supuesto bien, la libertad se fuera a realizar plenamente, olvidando que semejante premio puede no llegar nunca y, sobre todo, que es la libertad lo que permite que haya acciones o realidades buenas y malas y no al revés; o, por decirlo de otro modo, si no hubiera libertad no sería posible hacer ni el bien ni el mal porque no se podría elegir entre una cosa y otra. La libertad no garantiza el bien en todos los casos (si así fuera no sería libertad pues la apuesta estaría decidida de antemano), pero lo hace posible, entre otras razones, debido a que la libertad misma es, acaso, el mayor de los bienes.*

* * *

La paradoja de la libertad: no es un bien anhelado pero inalcanzable, como supone el pensamiento impotente que perpetúa en su propia teoría la esclavitud, sino un bien que se alcanza en el momento mismo de desearlo y que precisamente por eso cae fuera de los comunes deseos. Más que en querer la libertad, el secreto reside en un querer libre, en un querer que se libera al querer libremente, es decir, sin control ajeno del propio querer. Pero también en un querer que no teme el querer ajeno, que no se arredra ante los peligros que nos acarrea el que los otros —los otros unos— quieran también libremente sin control. Antes de que Fromm hablase del «miedo a la libertad», La Boétie ya supuso que lo que nos separa de la libertad es *una deficiencia de nuestro ánimo más que una necesidad de la vida social:* aunque quizá esa deficiencia del ánimo sea lo que nos inclina a lo gregario y por tanto permite la vida social...

[...]

¿Qué entendía Etienne de La Boétie por «libertad»? Antes que nada, la capacidad de dirigir y potenciar las propias iniciativas, el no padecer que determinen otros —los jefes— lo que ha de hacerse o lo que ha de evitarse (o no admitirlo más que con ocasión de determinadas acciones puntuales, reservándose siempre el derecho de revocar el acatamiento de la jefatura, sea por incompetencia del jefe o por elevación de la propia habilidad), la posibilidad de innovar, de vivir de otro modo —aunque sea más peligroso o menos productivo—, de hacer experimentos con las propias capacidades y de encarar la muerte del modo que uno quiera, pueda y sepa, por poco «higiénico» que tal modo sea. Es evidente que muchos no quieren vivir así, que muchos —la mayoría, quizá— necesitan protección y guía, que muchos también ponen su libertad en permanecer *fieles* a una personalidad más fuerte o a una institución multisecular. Los más audaces marinos del Mediterráneo se enriquecieron aprovechando su libertad en acometer rutas comerciales peligrosas y desprotegidas: su ganancia estaba precisamente en la inseguridad que arrostraban y que era lo que daba alto precio a sus mercancías; otros, entretanto, esperaban prudentemente a que se protegiera suficientemente la ruta naval que pensaban emprender y no soñaron con insólitas riquezas, sino con seguros y regulares beneficios. En una palabra, abdicar de la libertad en aras de la seguridad no es, evidentemente, un modo de aumentar la libertad, pero sí uno de los posibles usos de la libertad. Y de él nació, probablemente, *el mando y la jerarquía en la fase previa a la institucionalización estatal.*

La libertad está íntimamente ligada a la desigualdad y al calificativo que el resentimiento pone a ésta, la injusticia. (...) Lo que ahora nos interesa es lo siguiente: *se necesita y se anhela más libertad cuanta menos seguridad se precisa, o sea, cuanto más fuerte se es.* Esta fuerza a la que aquí me refiero se compone de inteligencia y audacia, de salud y de independencia, de cultura y de riqueza, de capacidad creadora, de gusto y pasión por lo extraordinario, de resistencia ante lo adverso o lo hostil. Los hombres que han tenido estas cualidades y otras afines han amado siempre la libertad, su libertad, han rechazado el mando ajeno y con frecuencia han considerado que aceptar mandar a otros es también una forma de servidumbre. Pero también han buscado y conquistado el mando, han sido duros, violentos y orgullosos. Su fuerza les ha correspondido por azar, por herencia o por un conjunto de circunstancias que quizá se pueden *a posteriori* describir pero es imposible *a priori* prever: su fuerza no es un mérito —es, pues, injusta—, pero se convierte en fuente de mérito. En todo caso, homologar la fuerza con el poder y quienes de hecho lo ostentan en la sociedad estatal es volver a adoptar el punto de vista institucional del Todo, desconocer la cualidad profundamente diferenciada y determinada, puntual, de la fuerza y también las resistencias administrativas con las que tropieza en el reino de lo total, al negarse a cualquier forma de delegación de poderes.

Es decir, tanto la capacidad de apetecer la libertad —única forma, según La Boétie, de llegar algún día a tenerla— como la de soportarla son *discriminatorias,* no igualitarias. Los débiles están privados de libertad ante todo por su debilidad misma y después por su prudencia, que les hace en seguida abdicarla en quien les promete protección y organización, leyes y defensa. Los «compañeros libres capaces de amistad» que imaginó La Boétie son todos ellos fuertes, en el sentido expresado. ¿Que todo hombre puede ser libre en este sentido? Ciertamente, pero no todos lo son; ante todo, no lo son del mismo modo ni en el mismo grado, ni en el mismo orden de capacidades. Aquí está la raíz de la diferencia que, lo que llamaremos la falacia igualitaria, ignora. Sé que este planteamiento de la libertad y la fuerza ha de sonar terriblemente despiadado, incluso —*manes* de la fraseología totalitaria vigente— fascista. Así se escuchó también, con oreja menos distraída que interesada, el pensamiento más liberador y revolucionario del siglo pasado, la gran política de Nietzsche. Pero mi propio compromiso aquí es intentar escribir *libremente*... ¡Ojalá pueda mi lector leerme del mismo modo!

Y es que la libertad no es una cualidad moralmente positiva, sino lo que posibilita que haya acción moral. *Donde hay libertad hay bien y mal:* ni en el paraíso ni en el limbo hay libertad; tampoco, obviamente, en el infierno. Perdón por estas aparentes trivialidades, pero la mayoría de las aspiraciones a la libertad política las ignoran. Se habla de *libertad para hacer el bien* como si tal piadosa restricción no acabase con la libertad verdadera. Se puede dedicar la propia libertad a la realización de la utopía, por ejemplo, porque se considere preferible la utopía a la libertad tal como hoy se vive; también se puede intentar conquistar otra galaxia o establecer una dictadura más tiránica y explotadora que ninguna de las que se han conocido hasta hoy. Cuando se imagina la libertad como violencia de todos contra todos, rapiña generalizada, pisoteamiento inmisericorde de los débiles, incapacidad egoísta para la generosidad solidaria, etc... se la está mirando desde el resentimiento, el temor y el afán de coartarla o «administrarla»; cuando se la representa como una dorada armonía de apetencias en la que el interés privado se licua en complacencias humanitarias para con todos, mientras desaparece toda violencia y todo desgarramiento, se la mira desde una debilidad tan beatífica que confunde lo insustancial de sus pasiones con el ideal de todo corazón bien nacido —o, aún peor, cree que todo corazón, para ser bien nacido, debe tener el mismo e insípido ideal... Ambas concepciones aplican una consideración hemipléjica a la cuestión de la libertad.

Panfleto contra el Todo, págs. 48-55

Es a partir de la libertad como deben entonces ser organizados y garantizados institucionalmente los otros valores, considerándose todos ellos a modo de perfeccionamientos efectivos de ésta y no como sus cortapisas. También es el hecho de conceder primacía a la libertad lo que distingue a las sociedades con vocación modernizadora de los sistemas *reaccionarios* que intentan fórmulas de imposible retorno hacia un pasado jerárquico donde la solidaridad comunal estuviese *automatizada,* y tanto las creencias como las costumbres se sometieran a la homogenización forzosa de la virtud impuesta (totalitarismos de izquierda o derecha, teocracias fundamentalistas, comunitarismos del tipo *Political Correct* en Estados Unidos, etc...). Digamos de paso que «Modernizar» una sociedad no es en primer término flexibilizar su mercado económico, ni mucho menos dotarla de avances técnicos para multiplicar la producción, sino instituir la libertad política... con la cual, evidentemente, colaborarán determinadas formas de economía y los desarrollos pacíficos de la tecnología.

Al hablar de libertad no me refiero a nada especialmente místico, sino a *la autonomía de los individuos en la colectividad para establecer y revocar leyes, elegir y deponer a los gobernantes, disfrutar de garantías jurídicas y de la posibilidad de explorar por cualquier medio no lesivo para otros la plenitud de su subjetividad.* Quizá en este programa básico resuene para algunos, sobre todo dados los tiempos que corren, el ominoso tañido de las campanas neoliberales y que echen de menos la mención de virtudes como la solidaridad, el compromiso con los humildes, la austeridad vital, la protección de la naturaleza, etc. Sin embargo, es preciso recordar que las instituciones políticas basadas en la libertad no pueden partir de la imposición de la virtud, sino que aspiran a favorecerla como resultado de los consensos obtenidos por la reflexión común sobre lo que a todos afecta y conviene. Los atajos más o menos bienintencionados para acelerar la llegada siempre renuente del bien —llámense *populismo* o *paternalismo*— no tienen por lo común otro resultado que obstaculizar el desarrollo de la voluntad responsable en los ciudadanos, adormeciéndoles con la supuesta eficacia de una autoridad expeditiva que ofrece «lo mejor» aquí y ahora, pero exigiendo como contrapartida la unanimidad obediente. En cuanto pasamos de la incertidumbre paciente de la *educación* democrática a la inmediatez clamorosa de los toques a rebato, salimos de la institución de la libertad para entrar en cualquier variedad del despotismo.

[...]

La diferencia fundamental entre la libertad en el terreno moral, el libre albedrío y la libertad política (quizá debiésemos decir: las libertades políticas) es que la primera es el requisito básico de cualquier planteamiento ético y que, por tanto, se le da por supuesta a todo hombre como el valor a los soldados en las cartillas militares de antaño. En cambio, la libertad política es una conquista, algo que hay que institucionalizar y defender, un resultado que se logra a través de ciertas luchas y nunca un dato elemental de nuestra condición social regalado graciosamente.

[...]

Sin embargo, la conquista de la libertad consiste en fundar *en lo común,* es decir, políticamente, la voluntad colectiva de lograr el mantenimiento de ambos aspectos de la libertad completa. Por supuesto, ninguna institución por sí misma puede sustituir a las iniciativas de los individuos o prescindir de ellas en el diseño de la libertad política, cuyo rostro no está nunca dado de una vez por todas, sino sometido a las incidencias históricas de la aventura humana. Pero tampoco ese rostro logrará seguir perfilándose efectivamente mientras lo que los hombres establecen en común conspire, sea formal o materialmente, contra los requisitos de la libertad.

Sin contemplaciones, págs. 24-26

Contra los justicieros

Dado que la Justicia *es otro de esos valores reivindicados por tantos, parece oportuno desvelar su verdadero significado. Para el Savater de* Panfleto contra el Todo, *la Justicia es la forma que el Sistema o el Estado emplea para imponer a los ciudadanos una uniformidad (no igualdad en el sentido precisado antes) que sancione e impida a cada uno ser diferente desde la igualdad, o sea, que haga cada vez más difícil la posibilidad de liberarse autónomamente de lo establecido, de lo impuesto. Vista así, la Justicia permite que el Estado se legitime, que justifique la necesidad y la conveniencia de su existencia como instancia que regula los inconvenientes de las diferencias individuales, es decir, como instancia que regula, controla y limita la libertad individual.*

* * *

La Justicia es una pura exigencia del mantenimiento del Todo: invocarla, sea contra quien sea, es solicitar la perpetuación del Estado. Creo que quien se ame a sí mismo sabe ya que se merece otra cosa, algo que a ojos de la justicia pasa por ser profundamente injusto, precisamente porque es excelente... Contra la Justicia del Todo, el simple y contundente dictamen de William Blake: «Una misma ley para el león y para el buey es opresión.» Es preciso extender una profunda desconfianza, más bien una abierta animadversión, contra todos los *justicieros*. Cuanto más remota va siendo la imagen de la Ley trascendente de la vieja totalidad social, más claro va quedando lo que entienden por «restablecer un derecho» nuestros justicieros racionalistas: lo que ellos quieren es, sencillamente, *castigar*. Quien detenta el Poder aspira a mantener la justicia, es decir, a castigar la pobreza, a castigar a los desdichados por serlo y a los explotados por estarlo, a castigar la locura, a castigar el sexo o la palabra que no canta loores, a justificar el trabajo como castigo del cielo y la guerra como castigo de la violencia «natural» que anida en todo hombre, mientras la protección policial absorbente se convierte en un castigo por nuestro afán de independencia y el crecimiento pregonado de la delincuencia castiga nuestra falta de identificación íntima con la Ley; por su parte, quien aspira justicieramente al Poder total entiende la revolución como un castigo de los ricos y opresores, como un insaciable castigo impuesto a la secular desigualdad del mundo y al egoísmo inagotable de cada cual: sobre todo eso, hacer la revolución para *ajusticiar* el egoísmo... Ambas posturas de la defensa de una Ley racional para el Todo coinciden en apreciar que la muerte es, a fin de cuentas, lo más justo para el hombre, el castigo por una primera desviación de la norma que no podía acabar bien...

Panfleto contra el Todo, págs. 111-112

El Poder y sus trampas

Estremece pensar hasta qué diabólico
punto el orden siempre consagra como la
alternativa más revolucionaria aquella que
garantiza con mayor certeza la
autorreproducción de lo mismo.
F. Savater

El poder simula identificarse con la sociedad, responder, por tanto, a todas sus necesidades y deseos. Sin embargo, lo que ocurre más bien es que divide a la sociedad en dos secciones que conviven en conflicto, pero que no podrían existir sin él. Impone en los integrantes de la comunidad una especie de destino que los incluye en un bando o en otro. Ésa es su fuerza y su eficacia.

En este sentido un tanto perverso, el poder hace humano a todo hombre, tanto al amo como al esclavo, ya que lo encuadra en una relación social que no puede darse entre animales. Sin esta capacidad para la fractura de la sociedad, el poder se disolvería y, por eso, toda opción política necesita ese mecanismo, por mucho que algunas de ellas declaren desdeñarlo o detestarlo.

De ahí también que cuanta más libertad se dé en una sociedad, más debilitado será el poder y más fuerte será el ciudadano, que verá con mayor claridad la falsedad de esa identificación entre sociedad y poder.

* * *

La nigromancia política de nuestra época administra la ideología totalitaria a su modo y manera. Maneja un repertorio imperturbable de falacias cuya última conclusión es el reforzamiento de la igualdad *Todo del Poder=Todo de la sociedad* y con tales falacias apuntala las constituciones no menos que los manifiestos revolucionarios. Reaccionarios y progresistas, derecha e izquierda —o cualquier otro beato maniqueísmo que el lector quiera adjudicarse en lugar de éstos— se pasman del cinismo con el que su contrario esgrime sus propios ideales y le acusa de habérselos robado para luego pervertirlos. «¡Ya sabemos qué entendéis vosotros por justicia!» o «¡Me río yo de vuestra supuesta libertad!», se les oye decir con un estremecimiento probablemente no fingido de rabia. Cada uno adivina, con no poca agudeza, la falacia del concepto que el otro maneja, pero no cree que la falacia esté en el concepto mismo: por el contrario, cada cual cree que, en sus manos y en su programa, la justicia, la libertad o el bien común recibirán el trato irreprochable que merecen tan sagrados ideales. Pero no es raro que sigan viendo en las banderas del enemigo sus propios lemas: todos coinciden en querer administrar el Todo como Todo y, por tanto, sus grandes palabras deben ser a fin de cuentas las mismas, aunque dosificadas o interpretadas de maneras no exactamente iguales. El enemigo no es más que un hermano competidor...

Hay todo un arte político de pulir los eternos ideales de modo que sean compatibles no ya con la realidad —con ésta afortunadamente no lo son nunca—, sino sencillamente entre sí. Ese residuo corrosivo que guarda la libertad frente a la seguridad, la fraternidad frente a la igualdad o la justicia frente al orden es el eco remoto de tiempos en que esas voces fueron esgrimidas contra la ambición totalizadora del poder. Ahora se trata de disimular lo más hábilmente posible el indeseable resabio de aquel primer uso. Precisamente la utilidad de las falacias que actualmente encierran tales conceptos es facilitar su acomodación mutua, de modo que nadie tenga que privarse del gusto de llenarse la boca con ellos en mítines o proclamas, pero que tampoco puedan quedar en manos de un irresponsable que los vuelva contra su uso aceptado y natural de reforzamiento del poder separado como Todo. A ése le cortocircuitará su grito rebelde la falacia que tal ideal encierra, impidiéndole reunir su fuerza consigo mismo como él quisiera.

Panfleto contra el Todo, págs. 63-64

Lo fundamental es que la institucionalización del poder escinde la sociedad y la divide entre los que disponen lo real y los que realmente deben estar dispuestos, entre los que poseen el mando y los que deben obediencia *(deben* obediencia como única forma de participar pasivamente del poder, es decir, como única forma de seguir siendo humanos del todo), entre los que proponen fines y los que sirven de instrumentos para ejecutarlos, entre quienes son dueños de la voz y quienes deben escuchar, memorizar y repetir. Podría decirse que unos y otros se necesitan mutuamente, que a fin de cuentas también los que mandan prestan un servicio a quienes obedecen: pero este servicio nunca es verdaderamente el fin de su actividad, por muchas justificaciones edificantes que la subjetividad proponga, y no es demasiado diferente al cuidado con que guarda el escultor el martillo y el cincel con los que da forma al granito. Es cierto que todos los individuos *necesitan* experimentar el poder para dar sentido humano a sus vidas, y es también cierto que ser esclavo es una de las formas posibles de experimentar el poder, diferenciadora en cuanto tal de la animalidad. En este sentido, el amo ayuda al esclavo a ser hombre; pero lo menos que puede decirse es que debe haber mejores maneras de conseguir este mismo objetivo, tanto para el esclavo como para el amo.

La tarea del héroe, págs. 476-477

Individuo e individualismo

Valoro más lo que potencia a los individuos
que lo que iguala a los grupos.
F. Savater

Al enfrentarnos a la noción de individuo *disponemos de la oportunidad de presenciar una aparente incoherencia en el pensamiento de Fernando Savater entre dos puntos distantes de su obra. En el primer pasaje que aquí se ofrece se construye un discurso contra el individuo, entendido como engranaje del sistema para legitimarse y perpetuarse. En el segundo, se reivindica el individualismo como la actitud auténticamente ética y liberadora. Sin embargo, no se tiene por qué resolver necesariamente una contradicción si ésta le da riqueza al pensamiento. Aun así, conviene precisar ambos conceptos. El de individuo haría referencia al sujeto que sólo tiene sentido dentro del Todo, como parte integrante de él. Con el término Todo, Savater alude al entramado político, económico y simbólico que consolida el Poder establecido. De esta manera, el individuo formaría parte integrante del sistema, incluso cuando pretende luchar contra él, porque al hacerlo está empleando los mismos instrumentos que lo fortalecen. Esta postura rechazaría el individualismo como una trampa más del sistema.*

El individualismo que en el segundo texto se reclama implica el concepto de madurez subjetiva. *Cuanto más autónomo es uno (cuanto más se empeña uno en pensar por sí mismo) más individualista, pero, al mismo tiempo, más se contribuye a que la sociedad sea también más madura, menos necesitada de justificaciones totales (religiosas, patrióticas, culturales, raciales, etc...) y, por tanto, más libre. Al igual que en ética es el egoísmo reflexivo o ilustrado lo que posibilita mayor libertad de acción y unas relaciones humanas más* humanas, *más auténticas, de más perfecta reciprocidad, en el plano de la política, el individualismo es condición de salud social, de capacidad de cambio porque hace posible dudar de aquello que el conjunto como tal no suele cuestionar.*

* * *

El individuo es la más firme y sólida herramienta teórica y política del Todo, que nace con éste y para servir a éste, que incluso en sus derivaciones anticolectivistas —si sigue conservando su identidad individual— le rinde servicio y pleitesía. (...) Porque nada contribuye tan eficazmente al reforzamiento de la sociedad totalitaria como las falsas soluciones que ella misma alienta desde dentro de sus propios planteamientos y acotando sus mismos ideales, las «alternativas» que procura para luego mejor aplastarlas o convertirlas en su opuesto, ante el desconcierto más y más desarmado de las almas rebeldes. Esa derrota no está inscrita en ninguna voluntad personal que en el último momento traiciona los sagrados objetivos que se propuso, sino en la condición misma de tales objetivos, que reproducen inevitablemente la misma estructura que aspiran a derribar. No hay «alternativa de poder» que no venga sencillamente a confirmar que no existe más alternativa que el Poder, lo mismo que el Todo de cada Individuo refleja y refuerza ese extraño Individuo Total que es la organización del Poder separado.

Panfleto contra el Todo, págs. 76-77

Oirás decir que la culpa de los males de la sociedad la tienen los asociales, los individualistas, los que se despreocupan o se oponen a la comunidad. Mi opinión, tú verás si estoy equivocado o no, es la contraria: los más peligrosos enemigos de lo social son los que se creen lo social más que nadie, los que convierten los afanes sociales (el dinero, por ejemplo, o la admiración de los demás, o la influencia sobre los otros) en pasiones feroces de su alma, los que quieren colectivizarlo todo, los que se empeñan en que todos vayamos a una... aunque seamos muchos, los que están tan convencidos de los valores comunes que pretenden convertir en bueno a todo el mundo aunque sea a palos, etc... La mayoría de los verdaderos individualistas son tolerantes con los gustos ajenos porque les traen sin cuidado y, como tienen sus propios valores, a menudo distintos de los de la escala «oficial», no chocan frontalmente con los diferentes a ellos, no pretenden imponerles por la fuerza las virtudes propias ni luchan a zarpazos por apoderarse de algo único cuyo mayor precio viene solamente de que lo quieren muchos. La gente más sociable es la que acepta el compromiso con los demás razonablemente, o sea: sin exageraciones. Ahora que nadie nos oye te susurraré una blasfemia: ¿te acuerdas que te dije que los que mejor entienden la ética son los egoístas reflexivos? Pues bien, los miembros de la comunidad que menos contribuyen a estropearla son esos individualistas contra quienes tanto oirás predicar: los que viven para sí mismos y por tanto comprenden las razones que hacen indispensable la armonía con los demás; no los que sólo viven para los demás... y para lo de los demás.

[…]

Cada grupo, cada conjunto social, tiene algo de *infantil:* la unidad de muchos individuos es siempre un poco más elemental de lo que llega a ser un individuo normal, es más ingenua, más impulsiva, menos madura, más antojadiza y, sobre todo, más *inestable.* El humano adulto que ya no necesita padres en su vida particular, en cuanto forma parte de una tribu, vuelve a sentirse pequeño, menesteroso de la fuerza y sabiduría que sólo los padres logran asegurar.

[…]

Parto del siguiente punto de vista: creo que el Estado es para los individuos, no los individuos para el Estado. Me parece que los individuos tienen unos valores específicos que el Estado puede ayudarle a conservar pero no sustituir con sus ordenanzas; sobre todo, sostengo que el individuo (la persona moral y política, el sujeto creador, las mujeres y hombres cotidianos del más bajo al más encumbrado) constituyen la auténtica *realidad* humana, de la cual provienen el Estado y las demás instituciones, pero no al revés. Esta actitud mía (puedes imaginarte que no la he patentado yo solito, pero daré la cara por ella como si así fuese) recibe un nombre que para muchos es casi un insulto: *individualismo.* (...) Lo que digo es que el individualismo es una forma de comprender y colaborar con la sociedad, no la manía de creerse fuera de ella; y que es una forma de intervenir en la política, no el disparate de desentenderse de ella por completo. Aún más: es el desarrollo de la sociedad el que ha permitido y fortalecido la postura individualista. ¿Que en su nombre se han cometido y se cometen abusos? Pues ya queda dicho. Pero también algunas de las prácticas sociales más inhumanas, como la esclavitud, la tortura y la pena de muerte (siempre aprobadas por los partidarios del predominio de lo colectivo sobre los átomos individuales) han sido cuestionadas y abolidas allí donde los individualistas lograron decir la última palabra...

Política para Amador, págs. 45-46, 63, 110-112

El Estado y la violencia

Las naciones-Estado son agresivas unas
frente a otras, porque enfrentarse
es su forma de ser.
F. Savater

El Estado, como forma histórica del poder, no puede ser desvinculado de la violencia. No puede haber poder sin violencia (física o directa, si es necesaria, psicológica o simbólica, cuando no, aunque lo más frecuente es una combinación de ambas). Por tanto, no puede entenderse el Estado sin su función de monopolio y regulación de la violencia. Por eso, el terrorismo, que no es más que un estado que aún no ha institucionalizado su poder, es simétrico al Estado en su funcionamiento. La constatación de esta realidad, nada agradable —pero ¿quién puede exigirle a un filósofo que nos resulte agradable?—, no impide que Savater no se deje ganar por la ingenuidad que supondría aceptar sin mayor crítica lo idóneo de una comunidad sin Estado. Así, nos hace notar las graves dificultades que la ausencia de Estado supondría, con lo que, como suele ocurrir en estos casos, se dejan más preguntas abiertas de las que se pueden honestamente responder. De este planteamiento tampoco se desprende un ingenuo pacifismo, sino un análisis riguroso de en qué condiciones precisas es políticamente legítimo el uso de violencia.

* * *

Nada se parece tanto al Estado, que es violencia pura, como la pura violencia del terrorista, y es que la violencia nunca es gratuita, pues siempre surge el Estado para cobrarle tributo y explicar que todo el mundo pondría bombas si no hubiese Estado. Inútil sería responder que lo cierto es precisamente lo contrario, es decir, que nadie dinamitaría si no hubiese Estado que dinamitar: pues en este mundo nada es tan *explicable,* desde el punto de vista favorable al Orden, como la simple violencia, ya que nunca lo establecido ha sido otra cosa que la racionalización de la violencia existente.

Apología del sofista, pág. 24

Frente al pacifismo a ultranza, puede sostenerse que no toda violencia política es contraproducente y esclavizadora: no toda violencia política ha de institucionalizarse necesariamente según la lógica militar, aunque tal sea, sin embargo, la tendencia más obvia de su desarrollo. Pero hay que admitir que desde un punto de vista estrictamente ético, la violencia es decididamente *indeseable.* Sólo se pueden mantener relaciones éticas con aquellos contra quienes se ha renunciado a ejercer violencia; o si se prefiere: el reconocimiento *del* otro por medio de la lucha a muerte y sus consecuencias jerárquicas es lo contrario del reconocimiento *en* el otro propio de la ética, cuyo fundamento y posibilidad es la comunicación no coactiva. La violencia y el terror *imponen* su significado, pero no lo comunican; son expresivas, pero rompen la comunidad recíproca dentro de la que se ejerce el reconocimiento intersubjetivo cuyo máximo exponente es el lenguaje. La democracia moderna, en cuanto intensificación de la transparencia social y abolición institucional de la lógica militar (al menos en el terreno ideal), pretende una comunicación abierta, igualitaria y sin trabas. La violencia niega la respuesta del otro antes de que se produzca, la refuta desde fuera del discurso, cosificándole: aquel sobre quien se ejerce violencia ha de callar *como un muerto...* Por el contrario, en la comunicación abierta es donde pueden aposentarse los hombres libres y sus instituciones. Quien elige la palabra para exponer su postura ya ha comenzado a renunciar a la violencia y empieza a reconocerse en la razón del otro, incluso aunque tal palabra todavía exhorte a la violencia y convierta al otro por vía de insulto en animal o cosa. En el momento de la comunicación lingüística —sea cual fuere— se vislumbra lo que incluso en la violencia reniega de la violencia y añora la pacificación dialogante de lo propiamente humano. El sabio antiguo dijo: «Pega pero escucha»; más propio de la comunidad que pretendemos instituir es pedir «pega pero *habla*», pues en lo que diga el agresor ya comienza a abrirse paso hasta para él mismo la contradicción insostenible de su violencia. El espacio de intersubjetividad dialogante que la ética postula y en el que además se apoya no es compatible con la violencia en ninguna de sus formas. Incluso la mentira, pese al dictamen inapelablemente condenatorio de Kant, testimonia a favor del reconocimiento en el otro: sólo la opción violenta lo niega radicalmente.

[...]

La violencia puede ser democráticamente legítima allí donde pretende acabar con situaciones de neta exclusión de la gestión civil por parte del poderío militarista: prohibición de partidos políticos y de otras formas de intervención igualitaria en la vida pública, ausencia de garantías jurídicas elementales, inexistencia de los derechos políticos fundamentales (libertad de expresión, asociación, huelga, reunión, etcétera), persecución policial por razones ideológicas, violencia estatal desatada en forma de ejecuciones masivas, torturas, etcétera. Aunque pueda discutirse en cada caso concreto si la violencia es tácticamente aconsejable, cuando se produce en situaciones como las antedichas su objetivo político evidente no es implantar la lógica militar de justificación del Estado, sino acabar con ella.

[...]

¿Acaso señalar que unas situaciones son más civilizadas y políticamente preferibles a otras significa extenderles un certificado incondicional de salud política? Ciertamente no, pues lo único que se trata de subrayar es que no puede lucharse por la liberación del hombre y la sociedad pacificada con las mismas armas en Italia que en El Salvador, dado que la situación no es la misma, sino desde luego mucho peor en el país suramericano. El axioma «cuanto peor, mejor» es típico de la lógica militar, y de ella lo toman los terroristas; sus corolarios son que «hemos venido a este mundo a sufrir» y también «patria o muerte», «vencer o morir», «no hay enemigo bueno más que el enemigo muerto», etcétera. Ciertamente, los tres minutos que preceden a una ejecución capital deben enseñarle al reo más sobre la naturaleza del Estado que varios cursos universitarios, pero no quisiera comprar la lucidez a ese precio; por la misma razón, prefiero vivir en un país donde el control estatal sea más insidioso que en otro que me agreda con su terror al desnudo. Es cierto que los mecanismos de dominio y control se van haciendo más sofisticados, pero ante eso busquemos medios más imaginativos y sutiles de luchar contra ellos, en vez de suspirar por la dichosa nitidez traumática de la edad de piedra. Quien desdeña la importancia política de las consecuencias formales del Estado no ha entendido el sentido de las luchas antiestatales de los últimos doscientos años y contempla los esfuerzos históricos de los hombres por su liberación con la óptica guiñolesca de garrotazo y tentetieso.

[...]

Por supuesto, la abolición de violencia no consiste sencillamente en que los terroristas depongan sus armas o en que los Estados respeten escrupulosamente los derechos humanos de sus ciudadanos: son precisas transformaciones radicales de la propia estructura jerárquica que contribuyan a extinguir la fatal separación entre especialistas en mandar y resignados a obedecer, al tiempo que reorganicen de abajo hacia arriba las estructuras de producción y reparto de bienes, de ocio y creación. Aquí se plantea el ya muy sobado dilema entre *reformismo* o *revolución*. Para algunos, el problema es muy simple: revolucionario es quien recurre a la lucha armada, mientras que es reformista el que renuncia a ella. Pero hay mucho que decir a tal respecto. En primer lugar, pueden imaginarse posturas sumamente radicales y combativas que no recurran a la lucha armada ni contribuyan al mantenimiento de la lógica militar: movilizaciones populares y operaciones políticas que no tienen por qué aceptar como marco definido el parlamentarismo burgués tal como ahora lo padecemos, pues las reivindicaciones ilegales de hoy formarán parte de las constituciones de mañana. Pero por otro lado, considérese esto: aceptar la necesidad de ejércitos y policías de coacción contra los que discrepan y de representantes del pueblo a los que nunca nadie del pueblo tendrá ocasión de revocar en tal representación, esto no es una revolución política, si por tal se entiende un cambio radical de las instituciones vigentes, sino una simple reforma ideológica de las mismas, a las que se mantendrá, pero orientadas o justificadas de acuerdo con nuevos criterios.

[...]

Lo auténticamente revolucionario, y no es cosa de ayer ni de hace doscientos años, es intentar abolir definitivamente la base de lógica militar sobre la que el Estado se asienta, aspirando a sustituir la coacción del orden social trascendente por la concordia del orden inmanente. Se trata de un ideal perpetuamente aplazado, cuyos progresos son mínimos y discutibles, mientras que sus fracasos rezuman dolor y sangre, pero de él proviene lo poco que en las instituciones de nuestra convivencia parece apuntar hacia algo radicalmente nuevo.

La tarea del héroe, págs. 515-518

Los jefes dan soluciones a los problemas planteados que resultan después más problemáticas que los males que intentaban resolver. Para acabar con la violencia promueven ejércitos y policías que cometen violencia en gran escala; pretendiendo ayudar a los débiles debilitan a todo el mundo con su prepotencia ordenancista; en nombre de la unidad de lo colectivo acogotan la espontaneidad libre y creadora de los individuos; inventan al Todo (patria, nación, civilización...) una personalidad sacrosanta hecha de odio a los extraños, los diferentes, los disidentes; convierten la educación en un instrumento de sumisión a los dogmas, a los poderosos y a los prejuicios que les favorecen; etc., etc... En resumen, inventan una casta privilegiada —los especialistas en mandar— y la instituyen por la fuerza como «salvadora permanente» de los demás, que por lo visto son sólo «especialistas en obedecer»...

Repasando la historia, tanto la más antigua como la más contemporánea, te confieso que llego a la conclusión de que estas objeciones contrarias a los jefes y al Estado tienen bastante fundamento. Pero también me resulta evidente que esperar el milagro de que millones de seres humanos logren vivir juntos de manera automáticamente armoniosa y pacífica, sin ningún tipo de dirección colectiva ni cierta coacción que limite la libertad de los más destructivos o de los más imbéciles (que suelen ser los mismos), no es cosa que parezca compatible con lo que los humanos hemos sido, somos... ni siquiera con lo que verosímilmente podemos llegar a ser. De modo que considero indispensables algunas órdenes... aunque no cualquier tipo de órdenes; ciertos jefes... aunque no cualquier tipo de jefes; algún gobierno... pero no cualquier gobierno. Volvemos así, qué quieres que yo le haga, al planteamiento inicial del asunto, de ese asunto del que la política se ocupa: ¿a quién debemos obedecer? ¿En qué debemos obedecer? ¿Hasta cuándo y por qué tenemos que seguir obedeciendo? Y, desde luego, ¿cuándo, por qué y cómo habrá que rebelarse?

Política para Amador, págs. 51-52

El voto útil y el voto inútil

El pasaje que aquí se recoge corresponde a Panfleto contra el Todo. *En él, Fernando Savater describe cómo la decisión ciudadana en los asuntos políticos ha sido neutralizada con aquello por medio de lo cual se supone que la lleva a la práctica: el voto. El voto se ha transformado en espectáculo y, por tanto, en una especie de ritual periódico en el que nada sustancial puede ser modificado, pues no es ya elemento de poder.*

Por contra, en obras e intervenciones recientes, y en casos límite muy concretos, el voto es reclamado por Fernando Savater como arma de defensa de los postulados democráticos frente a quien pretende abolirlos.

* * *

Los individuos son iguales, al menos en cuanto individuos: en cuanto unidades numerables, en cuanto piezas del censo, los individuos son realmente iguales en la sociedad moderna. Naturalmente, son iguales a su costa, pues si no lo fuesen, no le saldrían las cuentas a quien les pasa lista. También son iguales en su derecho a voto o en su ausencia de derecho a votar, allá donde la voluntad general se ha depurado hasta el punto de ser capaz de prescindir incluso del espectáculo de las urnas; su porción de poder es igual, es decir nula, porque lo que sancionan precisamente al depositar su papeleta en la urna es la renuncia a la fuerza propia, *la delegación de algo que de todos modos les iba a ser arrebatado*. El vasallo que hincaba la rodilla ante su Señor y ponía en sus manos vida y hacienda, experimentaba al menos *físicamente* su condición, mientras que la paciente cola de votantes que esperan su turno para renunciar voluntariamente a lo que ya no tienen llevan su miseria hasta el punto de creer que ejercen alguna forma de señorío. No han renunciado a su veneración por el Señor, no, ni siquiera a ser ellos señores aunque, claro está, de un modo que no les comprometa demasiado: sienten como un triunfo que su dueño tenga que contar periódicamente con ellos para identificarse como tal dueño o incluso que de ellos en ínfima medida dependa tener un dueño u otro... ¡como si el espectáculo no fuese un cepo para sujetarles mejor *a ellos,* no al dueño, como si ellos no tuviesen la culpa no sólo de tener un dueño u otro, sino un dueño y otro y otro!

Panfleto contra el Todo, págs. 89-90

La Opinión Pública

Todo lo que contradice a los muchos despierta de inmediato mi adhesión y me ha costado mucho ejercicio de sosiego intelectual admitir que a veces la opinión mayoritaria puede ser cierta o la conducta más común preferible.
F. Savater

La Opinión Pública es, por un lado y en tanto que opinión (y no conocimiento), un discurso emitido desde presupuestos ajenos a la razón. Por otro, y en tanto que pública, es un discurso emitido no como resultado de pensar por uno mismo, sino en nombre de una totalidad (un grupo social, cultural, religioso...). Por eso, según el texto que sigue, lo que se conoce por Opinión Pública acaba funcionando como justificación del Poder en general, como aceptación de lo establecido, ya que, en ella, no es cada uno el que piensa y emite su opinión (a esto se refieren los términos mi posición simbólica *y* subjetivismo*), sino que es la pretensión de universalidad y unanimidad a toda costa lo que se impone al peculiar punto de vista de cada individuo.*

* * *

Todos los que nos dedicamos, por vanidad, profesión o arte, a emitir opiniones públicamente, hemos oído como réplica alguna vez: «Hombre, si todo el mundo dijera eso» o «Si todos pensásemos así...», dicho con reproche o con una admiración que remite tan claramente a lo inalcanzable que se convierte también en reproche. Uno quisiera entonces responder: «Mire usted, si todo el mundo dijera o pensara esto que yo digo o pienso sería una coincidencia tan asombrosa que podría inferirse que en el mundo no hay muchos organismos pensantes, con sus peculiares pasiones y deseos, sino sólo uno. Digo lo que digo precisamente porque no todo el mundo lo dice y porque puede suscitar una *reacción* en mis oyentes, sea de aceptación —seguida de una reformulación propia de lo dicho—, o sea de rechazo. En todo caso, habré marcado los márgenes de mi *posición simbólica,* las argucias con las que mi peculiar anhelo se abre paso a través de los ámbitos máximamente públicos de la palabra y su lógica hacia su irrepetible destino. Buscar ante todo la unanimidad me parece tan lóbrego como desear que siempre sea trece y martes o que no haya en los bosques más que cedros del Líbano.» Pero lo cierto es que esta pretensión de universalidad parece ser la condición de *seriedad* de cualquier punto de vista. Si uno dice algo que, al menos, vale para uno —lo que no es poco logro— se condena a lo irrelevante: tiene que decir algo que sirva para todos, una fórmula a la que, al menos formalmente, deba plegarse el consenso todo de los humanos. La palabra que se limita a intentar expresar lo íntimo es un capricho irresponsable; cada dictamen debe aspirar a convertirse en imperativo categórico, axioma irrefutable o cláusula primera de una benévola dictadura universal.

Aún peor, naturalmente, es quien se erige con facilidad abominable en portavoz de lo universal o de una clase con legitimidad absoluta, por ser particularmente desdichada. Este tipo suele comenzar sus discursos con un: «No vayamos a caer en el error de pensar que...» o «Nosotros los obreros... nosotros los empresarios... nosotros los vascos... catalanes..., etcétera». Con razón advirtió Cioran que se sospechase de todo aquel que dice sin mala conciencia nosotros pues es un imbécil o un falsario. Pues bien, este tipo, cuya vocación universalista es capaz de darle a cualquier disidencia contra el Todo peso total, suele ser también afecto a reprochar dignamente a quien se atiene a su voz propia: «Eso lo dirá usted.» A lo que es preciso responder, aunque a veces el respeto humano por la imbecilidad ajena no le deja a uno: «Efectivamente, esto lo digo yo. Lo que no es poco, porque al menos tras lo que digo hay alguien. En cambio, lo que usted dice no lo respalda nadie, precisamente porque se empeña en afiliar a todo el mundo tras sus palabras o inventa la clase de sus partidarios sin darles siquiera posibilidad para expresarse distintamente. Lo que usted nos cuenta se relaciona directamente con lo irrepetible que usted es y con lo público a que usted aspira o en lo que se mueve. Usted se empeña en anular la diferencia entre ambas instancias, empresa en la que se ve favorecido indudablemente por la supuesta universalidad del lenguaje y por la institución del Poder separado y único. Tras mis palabras está una resistencia y un ataque que quizá —ojalá— no sean individuales, pero que ciertamente ni son ni quieren ser —se desmentirían si lo fuesen— universales. No dudo de que sus opiniones brotan de una particularidad no menos distinta pero enmascarada tras la obligación o la ambición del Todo. En una palabra: lo que digo, lo digo yo; lo que usted dice, lo dicta ese Nadie que aspira a la fuerza ejecutiva del Todo.»

[...]

A lo que el Todo contiene como su propia imagen simbólica reflejada en cada aspecto concreto de lo real, al prejuicio cuya fatalidad es más útil no a esta o aquella instancia del Poder, sino al mantenimiento genérico del Poder separado y único, a eso se le llama Opinión Pública. (...) Por medio de la voluntad general, todos y cada uno quedan convertidos en cómplices de lo que les reduce a la impotencia; la Opinión Pública es la aquiescencia razonada a tal impotencia y su elevación a ideal político. Los dictadores requieren sin duda el consentimiento de la voluntad general, como toda forma de Poder moderna, pero tienen ciertas dificultades para concitarla de forma expresa: lo que no quiere decir que hayan tenido menos apoyo popular que los gobiernos democráticos... Puede que sinceramente, Oliverio Cromwell se preguntara: «Creo firmemente en el gobierno fundado sobre el consenso; pero ¿dónde encontrar ese consenso?» Hoy ya sabemos que el lugar del consenso es la Opinión Pública, sobre todo en su forma más *standard* de sentido común, y que si tal consenso es frecuentemente adverso a este o aquel dictador concreto, *es precisamente por fidelidad al Poder como tal* y por miedo a verle debilitarse por el subjetivismo declarado, que revela con demasiada sinceridad la estructura de la impotencia organizada: a ésta le es imprescindible poder verse como razón y no como capricho. Desde la Universidad hasta el matutino diario, pasando por el padre que enseña la lección debida a su hijo, todos colaboran en la formulación «a la altura de los tiempos» de este acatamiento.

Panfleto contra el Todo, págs. 133-136

Los derechos humanos

Hay dos puntos básicos para entender la noción de derechos humanos. El primero es que se trata de derechos no naturales, es decir, se trata de inventos del hombre para alejarse precisamente de su estadio animal, para que los humanos se traten entre sí como tales, independientemente de las diferencias que la naturaleza y otros caprichos irracionales (como las etnias, las tribus, las culturas, las lenguas, etc...) ponen en los individuos.

Además, no forman parte de un objetivo que pretenda alcanzar un paraíso terrenal o algo semejante. Son, sencillamente, el principio ético a partir del cual toda comunidad democrática sea posible, gracias a que, a través de ellos, se respetan todas las diferencias precisamente porque (al ser derechos humanos) *están* por encima de cualquier diferencia.

* * *

Los derechos humanos son un expediente para aliviar los males sociales de los hombres y para intentar asegurarles el disfrute mínimo de algunas ventajas: no constituyen la garantía de que veremos instituida por fin en este mundo la Jerusalén celestial. Se trata de una conquista histórica, no del descubrimiento de una verdad eterna, afincada en la divinidad o la naturaleza: como el resto de los derechos, son algo que los hombres se conceden unos a otros, la institucionalización de un trato entre ellos. Como cualquier otro logro fruto del devenir histórico, revelan en su perfil las circunstancias culturales que los hicieron posibles y van experimentando mutaciones de acuerdo con el cambio de éstas. Por ello, el empeño de justificarlos metafísicamente es mucho menos urgente que el de protegerlos y cumplirlos con eficacia. En último extremo, no provienen tanto de las promesas de la luz como del espanto de las sombras, no pretenden conseguir inauditos bienes imaginados, sino evitar males conocidos: *jura inventa metu injusti.*

[...]

Son «derechos» aun allí donde la legislación positiva no los acata explícitamente; tienen vigencia incluso donde ningún poder establecido puede hacerlos cumplir; van transformándose históricamente pero al unísono para todos, como si el desarrollo político y moral de todas las comunidades fuese idéntico; consagran el derecho a la diferencia (¿a la libertad de elección?) pero en cuanto derecho se impone a las diferencias que defiende, como único e igualmente obligatorio para todos...

[...]

Por supuesto, los derechos humanos no pretenden codificar las semejanzas esenciales de nuestra naturaleza, tarea teórica para filósofos o antropólogos, sino algo en el fondo aún más difícil: quieren establecer un mínimo común denominador *normativo* a partir del cual pueda irse armonizando esa «pequeña parte» que nos hace dispares, antagónicos y a menudo enemigos. No se trata de anular las diferencias ni de abolirlas por decreto, pues en ellas se expresa lo que pueda haber en nuestra existencia de creativo y libre, es decir lo *sabroso* de la condición humana. Pero se intenta supeditar los efectos de la diversidad a los requisitos de esa semejanza esencial sobre la que basar las instituciones (políticas) del respeto mutuo.

[...]

En una palabra: *los derechos humanos se basan en el presupuesto de que los individuos nos parecemos más que nuestras culturas y nuestras formas de organización grupal.* Estas segundas, como ya se ha dicho, revierten sobre lo común individualmente compartido y lo trastocan hasta el punto de hacerlo irreconocible. Por medio del reconocimiento universal de derechos a los individuos se trata de resguardar a éstos de los efectos lesivos que puede suponerles su pertenencia a las diversas formas comunitarias, sin privarles claro está de las ventajas sociales que de ellas se derivan. ¿Se trata del gran proyecto político que culmina la modernidad o de la versión humanista de la cuadratura del círculo?

[...]

Sin duda los derechos humanos tienen como premisa fundacional ser para todos; pero ello excluye que puedan abarcar todos los derechos imaginables o deseables. En particular excluye que puedan tener otro sujeto que la persona humana como tal, en su singularidad irrepetible, configurada por sus vínculos sociales pero nunca del todo reductible a ellos: los derechos humanos no son sino los requisitos básicos para la implantación universal del individualismo democrático. Precisamente son aquellos derechos que convierten a cada cual en actor insustituible del drama sociopolítico, sin que ese protagonismo pueda ser delegado en entidades colectivas, ni diluido en ellas, ni regateado o suprimido por ellas. En resumen, codifican la ambición moderna de que nadie necesita comprar la protección y beneficios del grupo (o grupos) a que pertenece al precio de anularse sumisamente en él. ¿Pretensión característicamente occidental, extraña y opuesta a lo tradicional en otras muchas culturas? No veo qué ganaríamos negándolo ni por qué tal génesis debe restar mérito a la idea. Así como tampoco creo que deba escamotearse su impronta revolucionaria, a veces hasta cruenta: los derechos humanos pretenden algo así como un golpe de Estado a escala mundial... Pero quizá todo esto suene ahora peligrosamente desmesurado y negativamente utópico. (...) Lo único que sabemos es que deben seguir siendo activados, pues en el momento en que dejen de avanzar comenzarán a desaparecer.

Sin contemplaciones, págs. 71-76

Utopía: relato de terror

Los viejos y gastados sueños colectivistas
son fórmulas de miedo a la vida,
cuando no de odio a la vida.
F. Savater

El deseo revolucionario de toda una generación se apoyaba en una utopía política que no sólo servía como oposición a las formas de poder establecidas sino que proyectaba nuevas formas de organización social y económica. Savater se hace cargo en este pasaje de las decepciones que tal experiencia generó. Y lo hace constatando en qué consistía realmente el proyecto utópico: una sociedad unánime, es decir, en la que se impone a todos un mismo modelo de convivencia y conducta que se considera el mejor. Por eso habla de «fusión más mística que social», pues se trata de la eliminación de todas las diferencias en nombre del grupo, la nación, el pueblo o la sociedad, de todas las discrepancias y, por consiguiente, del inevitable conflicto y la necesaria tensión que en toda sociedad compleja y libre existe. En la utopía queda desterrada la libertad de equivocarse y pensar por uno mismo. En la utopía, el error (la posibilidad y la libertad de errar) es suplantado por el horror (la imposición de una única, rígida e indudable consigna).

* * *

Las utopías son fruto de la nostalgia o de la creencia en el progreso; ambas cosas vienen a ser lo mismo, pues tanto el que sueña hacia atrás como el que sueña hacia adelante tienen fe en las *posibilidades* del tiempo. El utopista imagina el mundo sin tiempo, la sociedad humana tras la deserción de los acontecimientos. Generalmente se censura al utopista ser tan pródigo en detalles de la Ciudad Ideal como parvo en noticias de cómo llegar a ella. Reproche quizá infundado, pues el creyente confía en que el tiempo mismo lleva a Utopía: espera y verás. Universo congelado, foto fija de la política, la utopía es una inmovilidad maniáticamente detallada: lea a Fourier quien quiera visitar el Museo de Cera de las pasiones humanas. La descripción de la ciudad perfecta es la hipóstasis del aburrimiento; uno pasa revista al catálogo de maravillas, se imagina ya en él, se instala y bosteza. Leer utopías es un antídoto contra las ansias de perfección. En cuanto imagino mis deseos satisfechos institucionalmente, dejo de apetecerlos. ¿Cómo seguir anhelando lo que nadie me disputa ni me prohíbe ya, lo que todo el derecho del mundo me concede con presurosa facilidad? La paloma de Kant no sabía volar sin aire, aunque se imaginaba más rauda en el vacío; yo tampoco sé desear sin obstáculos y la supresión de las resistencias que hoy me encocoran frenaría definitivamente mis ansias. Por mucho que la utopía prometa cumplir los deseos de todos, su descripción de una sociedad sin roces ni rechinamientos responde al sueño de uno solo. Solipsista militante que ha sustituido el «yo» por el «nosotros» y confunde su autobiografía con la historia universal, el utopista es como ese fantaseador masturbatorio que se excita con la imagen de amantes tan presurosas y complacientes... que si un día se realizasen en la vigilia le serían repulsivas.

Se habla de «utopías revolucionarias»: la expresión me parece incorrecta. La revolución es más o menos lo contrario de la utopía. Ambas coinciden en marcar el fin del tiempo, pero la utopía es fruto y coronación de éste, la revolución su negación efectiva. La utopía es mucho de lo que ahora hay poco: más justicia, más orden, más bienestar, más goce (o más esclavitud, más trabajo, más crimen, más polución...); la revolución es la supresión de lo que hay ahora: las dicotomías libertad/esclavitud, orden/desorden, goce/frustración, naturaleza/ciudad... Heredera de nuestras actuales necesidades o temores, la utopía es tan minuciosamente descriptible como ellos; reverso impensable de nuestra condición, de la revolución nada puede decirse sin traicionarla. La una es el cuento lleno de ruido y furor, narrado por un idiota y que nada significa; la otra es el imperceptible resbalar del espectro de rostro velado que, en la disipación del banquete, se nos acerca por la espalda.

De los dioses y del mundo, pág. 270

Horror, pues, ante el proyecto utópico mismo, ante la unanimidad que la utopía reclama como la forma de organización social más deseable. Porque la fórmula de la utopía suele ser: todo llegará a ser uno; en cada uno podrá verse la verdad del todo y en el todo la unánime verdad de cada uno. Lo que distancia a los hombres, lo que dificulta el acceso directo de unos a otros, la reserva o secreto que oscurece la intimidad de los unos frente a los otros, lo irreductiblemente diverso de sus gustos y de sus formas de hacer... son obstáculos disgregadores que el aunamiento utópico se propone remediar. Abolir las barreras entre los socios, que nada resista en cada uno a dejarse penetrar totalmente por la comunidad... Fusión más mística que social en la indistinción materna; renuncia a la característica irrepetible que me opone a los demás y me veda el compartirme plenamente, el entregarme por completo a ellos... *La utopía es la sociedad en que ya a nadie le será lícito resguardarse porque no habrá nada que temer:* todo misterio íntimo será sospechoso de egoísmo o traición, toda discrepancia organizada deberá ser aplastada como un rebrote aristocratizante, toda peculiaridad que no pueda ser generalizada sonará a privilegio... Se producirá y se consumirá al unísono; se amará y se educará del mismo modo; el mal se extinguirá por falta de pábulo, pues lo que alimenta al mal en la sociedad son *los intereses* y en la utopía no habrá lugar para ellos: armonía completamente desinteresada y por tanto sin reales diferencias, perfección pues indiferente... Por supuesto, los utopistas suelen ser partidarios fervientes y declamatorios de la libertad, pero están convencidos en el fondo de que todos los hombres —en cuanto la corruptora división social no los malee— van a querer ser libres *del mismo modo*... a no ser que el individualismo mal entendido haya gangrenado irrecuperablemente al miembro y éste deba ser amputado. En el orden utópico la libertad es ininteligible, pues no queda elección entre el mal y el bien, ya que la primera de ambas opciones ha sido definitivamente desterrada. (...)

A estas alturas, la utopía totalitaria es radicalmente indefinible; no hay que deplorar su imposibilidad —al contrario, sabemos ya que es posible en cierto sentido grotesco y monstruoso— sino más bien rechazarla porque es un ideal, sí, pero un ideal de lo no deseable. La glorificación del todos en uno y del uno en todos promete tan sólo el reforzamiento de lo peor que hay vigente, no su abolición; no hay armonía sin una cierta posibilidad eficaz de discordia, como ya sabía el viejo Heráclito: proponerse la supresión radical de toda tensión entre intereses sociales contrapuestos (aunque sea exigiendo como mínimo una cierta complementariedad) no es un sueño, sino una pesadilla.

En su *Ensayo sobre el pensamiento reaccionario* apunta Cioran: «Todo parece admirable y todo es falso en la visión utópica: todo es execrable y todo tiene aire de verdadero en las constataciones de los reaccionarios.» El dictamen del lúcido pesimista es mucho más sutil de lo que una primera lectura pudiera dar a entender. Utopistas y reaccionarios son algo peores de lo que quisieran; en efecto, mientras que la visión utópica parece admirable y las constataciones de los reaccionarios tienen el aire de ser verdaderas, lo indudable es que todo en la primera es falso y todo en las segundas es execrable. No hay quizá tanto que admirar sin reservas en la utopía, pero tampoco hay tanta verdad indiscutible en lo establecido. O si se prefiere, la utopía es un poco más execrable y la actitud conservadora algo más falsa de lo que suele creerse.

Si algo queda —y *tiene* que quedar— de la utopía es su motor negativo, es decir, el ímpetu utópico propiamente dicho. Porque el vigor utópico, antes de lanzarse a edificar el plan completo y detallado del paraíso, comienza por negar la necesidad ineluctable de los males vigentes; su primer movimiento es rechazar la utopía degradada en que vivimos, donde todo lo posible se ha convertido en necesario y las perversiones de lo ideal cierran el camino por donde podría llegar el cumplimiento de las promesas pendientes. Pero el ímpetu utópico actual ya no pretende construir la perfección social sin fisuras, delirio maníaco que termina volviéndose inquisitorialmente contra sí mismo, sino que se propone luchar parcela a parcela contra lo que bloquea en el orden vigente la apertura a lo posible. De la sociedad hacia la que vamos sólo sabemos que no quisiéramos que fuese un simple corolario de la vigente; menos que nunca es creíble el falso profeta (aún peor el falso científico) que diga poseer una visión completa de conjunto. Pero tampoco es lícito olvidar el sentido de todas las luchas pasadas, la lección de las derrotas y la dirección en que apunta desde hace doscientos años el lento goteo de la insumisión. No sabemos lo que harán los hombres con más libertad y con menos obstáculos para la solidaridad; pero sabemos lo que hoy *no* hacen por falta de una y sobra de los otros y eso nos basta para seguir luchando.

¿Y el futuro? Falsos oráculos, echadores de cartas marcadas, adivinos provistos de trabalenguas rimados o de computadoras nos venden a módico precio la fecha exacta del desastre que pulverizará el mundo o los reiterativos terrores del año dos mil. ¿Debiéramos, para contrarrestar sus predicciones ominosas, intentar esbozar pronósticos favorables y pergeñar nuevos semblantes a la cansada esperanza? Creo que es una tentación embaucadora a la que hay que resistirse. Nada es de peor augurio que la necesidad de vislumbrar el futuro: éste, a fin de cuentas, es siempre nuestro enemigo (y lo *es* ahora, no cuando se convierta en presente) porque el tiempo no puede nunca sernos propicio. Dice en alguna parte Ernst Jünger que el hombre siempre ha preferido saber el destino que *tiene* a lo que *es* y por eso se entrega a los astrólogos y huye de quienes quieren iluminarle sobre su condición; y es que, apostillo por mi parte, sobre lo que somos caben pocas esperanzas, pero quizá sí sobre lo que nos espera. El futuro es refugio o manipulación del presente; porque es en el presente donde se da el esfuerzo y la recompensa del esfuerzo, no en otro tiempo, que, en cuanto tal, debe ser también tiempo de asesinos y asesino él mismo. Pero quizá sea inevitable sentir de vez en cuando lo que Tácito, en un párrafo que gustaba de citar Ernst Bloch, llamó «la nostalgia de los tiempos futuros».

De los dioses y del mundo, págs. 300-306

De modo que no te deseo que te dé por las utopías, lo mismo que no te deseo que te aficiones demasiado a los «culebrones» televisivos. Me gustaría mucho, en cambio, que tuvieras *ideales* políticos, porque las utopías cierran la cabeza pero los ideales las abren; las utopías llevan a la inacción o a la desesperación destructiva (porque nada es tan bueno como debiera ser) mientras que los ideales estimulan el deseo de intervenir y nos conservan perseverantemente activos. Ahora bien, te estoy hablando de ideales políticos, no morales, estéticos, religiosos o de otra índole: cada cosa tiene su propia gracia. ¿Cómo se les reconoce? Para empezar, los ideales políticos nunca son absolutos, porque han de convivir unos con otros y cada cual tiene sus contraindicaciones. Es propio de la política saber limitar lo bueno: a veces, aplicar dosis exageradas de la medicina que ha curado una enfermedad no logra más que agravar al paciente provocándole otra peor. Los ideales políticos nunca intentan mejorar la *condición* humana sino la *sociedad* humana: no lo que los hombres son sino las instituciones de la comunidad en que viven. Si los hombres nos hacemos mejores por vivir en sociedades mejores, estupendo; pero aunque sigamos siendo más o menos igual de rapaces y cutres, nunca será inútil que las leyes y formas de gobierno ayuden a paliar nuestros defectos o nos propongan alternativas para cambiarlos por otros menos destructivos. La utopía se propone delirantemente lograr un «hombre nuevo»; los ideales políticos prefieren ayudar a que el antiguo sea más soportable, más responsable y menos bruto.

¿Te parece demasiado conformismo? Piensa que conformista es el que siempre se resigna a lo *probable* y no mira más allá: el idealista político, en cambio, se esfuerza por lograr *lo posible,* aunque sepa que no ha de ser fácil y que nunca habremos de sentirnos satisfechos. Todos los ideales políticos son progresivos: cuando se alcanza un nivel que antaño hubiera parecido maravilloso, lo que aumenta no es la satisfacción sino las exigencias. Y está muy bien que sea así: al gobernante que ante las reivindicaciones ciudadanas responde «peor estábamos antes» hay que decirle bien alto que «precisamente por eso ahora podemos querer más». Y, desde luego, los ideales políticos son decididamente *racionales* y tienen en cuenta la experiencia histórica, los avances científicos, las revoluciones habidas contra lo ayer tenido por «sagrado e inmutable»: ¡de los visionarios antiilustrados que ven más claro cuanto más oscuro está todo líbranos, Voltaire!

Política para Amador, págs. 226-228

¿Neutralidad o beligerancia?

La pregunta es planteada por Savater en el contexto de la guerra fría, cuando parecía obligado optar por uno de los dos bloques, por una de las dos formas políticas. Ante eso, Savater nos ofrece un panorama en el que las atrocidades y las mentiras son compartidas por ambos bandos, por lo cual define el sentido de neutralidad *y de* beligerancia *que mejor le permite rebelarse contra la presunta obligación de elegir entre uno y otro.*

* * *

¿Neutralidad o beligerancia? Según se mire. A lo mejor resulta que hay que ser neutrales y beligerantes a la vez.

Neutrales porque entre dos males no hay que elegir ninguno. Neutrales porque rechazamos las dos grandes burocracias que manejan y explotan al mundo: la oligarquía del dinero y su jaula de finanzas, la oligarquía del estatismo populista y su cárcel ideológica. Neutrales frente a los dos colosales militarismos vigentes (que alientan los militarismos pequeñitos y de más bajo presupuesto de cada país), porque ninguna persona decente o simplemente sensata puede ver la menor diferencia entre ser asesinado por Haig o serlo por el Voroshílov que pinte ahora. Neutrales porque ni nos creemos la libertad de los unos (que es solamente la libertad de ser saqueado o de saquear, de ser manipulado o de manipular, de ser intoxicado o de intoxicar) ni la revolución justiciera de los otros (que no es revolucionaria porque no acaba con la jerarquía del poder, ni es justiciera pues mantiene todas las desigualdades nocivas, empezando por las económicas, y además reduplica la coacción estatal sobre los ciudadanos). Neutrales porque es una miserable trampa obligarnos a elegir entre los tanques de los unos y los cohetes de los otros, entre los servicios secretos de éstos y las bandas de espías de aquéllos, entre los caníbales con galones de acá y los sacamantecas condecorados de acullá. Por tanto, frente a todo esto, nuestro lema bien pudiera ser: *¡neutrales sí, neutrones no!*

Pero tampoco basta con ser exclusivamente neutrales: hay muchas formas de beligerancia sumamente aconsejables.

Beligerancia contra la lógica militar que entrega la organización de los países a maniqueos homicidas y *a favor* del desarme y de la radical desmilitarización del mundo. Beligerancia *contra* la concepción estrechamente productivista del trabajo, que condena a una mitad del pueblo a la rutina deshumanizadora y a la otra mitad al paro, y *a favor* de un trabajo que sea creatividad personal y ayuda social. Beligerancia *contra* el autoritarismo seudodemocrático, que deja todas las decisiones en manos de los «expertos en mandar», y *a favor* de una democracia de intervención permanente de cada cual en la gestión de los asuntos públicos. Beligerancia *contra* la libertad «a la americana» y la revolución «a la soviética», y *a favor* de una libertad no expoliadora y de una revolución no inquisitorial, a favor quizá de una alternativa europea a las dos megalomanías vigentes que ayude a los pueblos de América, África y Asia que se esfuerzan, cada cual a su modo, por huir de las garras de las multinacionales del crimen.

Sobre vivir, págs. 39-41

Izquierdas y derechas

Respecto a que la etiqueta que vayas a llevar en la solapa mientras tanto haya de ser de «derechas», de «izquierdas», de «centro» o de lo que sea... bueno, tú verás, porque yo paso bastante de esa nomenclatura algo anticuada.

F. Savater

Izquierda *y* derecha *son metáforas que aluden a posiciones políticas opuestas y cuyo origen es la Revolución francesa. Se ve como algo necesario en la actualidad volver a definir ambos términos, pues han estado sujetos durante el siglo XX a inquietantes y confusas convulsiones. Tal vez la más urgente preocupación de Savater sea la de desvincular lo que signifique, en política,* izquierda *de las experiencias que, bajo la máscara de socialismo (como proyecto utópico), han desarrollado políticas abiertamente totalitarias. De ahí que lo básico de esta opción ideológica sea la libertad y, con ella, la radical secularización de lo público, es decir, el abandono de dogmas excluyentes de cualquier signo que no admiten la duda, así como la apuesta por el discurso racional, tan sujeto al posible error como a la necesaria libertad.*

* * *

Los movimientos de izquierda están en buena medida algo así como *contaminados* por ese modelo cerrado y aborrecible; librarse de toda complacencia, condescendencia y no digamos complicidad con los totalitarismos, dejando de excusarles por sus parciales coincidencias con el proyecto utópico, es un decisivo avance de la izquierda más ilustrada y por ello —no pese a ello— más consecuente: para culminar tal avance, será preciso revisar a fondo la deseabilidad del proyecto utópico mismo y sus supuestas virtudes emancipadoras. Ahora bien, no debe olvidarse que el modelo liberal capitalista usual en Occidente *también es una utopía y que su realización efectiva, no menos que la otra, se ha revelado como cruel e indeseable.*

De los dioses y del mundo, págs. 302-303

Pero si la denominación «izquierda» todavía queremos que guarde algún valor como referencia política, yo centraría lo distintivo de su proyecto en dos puntos:

—El primero, la insistencia en el máximo de transparencia y participación en el grupo de acción política, llámesele «partido», «asociación cívica» o como se quiera. La transparencia es la disposición para erradicar la corrupción, la demagogia, y favorecer el debate permanente y esa paciencia de la educación democrática como lo más opuesto a los toques a rebato electoralistas del populismo. La participación excluye el fanatismo de la pertenencia al clan («con los míos, caiga quien caiga», «mejor impedir una reforma positiva que dejar que los rivales se apunten el tanto», etc.), la flexibilización de la estructura organizativa, la apertura tanto al apoyo como a la crítica de los agentes sociales no afiliados y la desaparición de todos esos trucos autoritarios (listas cerradas, disciplina de voto, etc.) que convierten los partidos políticos en el juguete personal de una oligarquía de a veces no más de dos o tres «comisarios».

—El segundo y más importante es la vocación de universalizar la institución política de la libertad, tanto formal como materialmente. Los grandes desafíos del siglo XX (la erradicación del hambre, el control de armamentos y la abolición de la guerra, la preservación de los recursos naturales, etc.) son incompatibles con la exaltación nacionalista, la discriminación racista y el miedo al «imperialismo», que supondría un control internacional supraestatal. No se trata de que cada cual olvide sus intereses en aras de los intereses colectivos, sino que recuerde por encima de todo sus verdaderos intereses de grupo... en la convicción, eso sí, de que nuestro más auténtico grupo de pertenencia es el grupo *humano*. Mientras el respeto a los derechos humanos se halle en tantos lugares condicionado por la sumisión inviolable a la soberanía nacional, al interés económico de unos cuantos grupos transnacionales o a determinadas supersticiones étnico-teológicas, la libertad política tendrá vigencia relativa sólo en unos cuantos países, pero en ninguna parte será completa ni estable.

Tanto el primer punto, que insiste en la transparencia y participación del juego político, como el segundo, que urgen a universalizar no sólo formal sino también materialmente la modernización democrática de las sociedades humanas, conllevan algo que no sé si es un tercer apartado de esta sensibilidad política «de izquierda» o más bien sólo el importante corolario de los dos ya mencionados: la *secularización* progresiva (y progresista) de las instituciones políticas. Secularizar es salir del milenarismo, pero también de la secta, abandonar la complacencia fanática de los absolutos excluyentes y entrenarse en la cordura de lo relativo y lo posible, renunciar a la fabricación gubernativa de un «hombre nuevo» purgado de codicias, vicios y ferocidades para intentar favorecer, tanto desde el Estado como desde la sociedad civil, la aparición de nuevas oportunidades para los hombres reales, humanos y aun demasiado humanos que conocemos, que somos y que por suerte seguiremos siendo. Digo «por suerte», pues los inconvenientes de nuestra condición están inextricablemente unidos a lo que tenemos por sus ventajas: es precisamente esa combinación agridulce lo que da su riesgo y su sentido a la libertad política con la que los antepasados culturales de toda modernización, los griegos, nos enviciaron hace ya bastantes siglos.

Sin contemplaciones, págs. 27-28

Las reflexiones sobre esta *extraña pareja* de la topografía política nos tocan a muchos una fibra sensible de ese refugio interior, asediado y vacilante, que llamamos conciencia. Les cuento mi caso, no demasiado original. Como tantos de los que nos criamos y pasamos gran parte de la juventud bajo el franquismo, siempre me he considerado más bien *de izquierdas.* Hay que ser imbécil, abyecto o masoquista para vivir bajo una dictadura derechista y reaccionar de otro modo. Pero no por ello he sentido jamás la más mínima simpatía por las dictaduras de izquierda, fueran las de la Unión Soviética, China o Cuba. Conozco personas que vivieron o viven bajo tales regímenes y que me han confirmado lo obvio: que también en este caso hay que ser imbécil, abyecto o masoquista para haberlos padecido y sin embargo disculparlos. Lamentar el hundimiento de estos autoritarismos como el final de la *utopía* me parece tan poco cuerdo como tener nostalgia de las promesas radiantes del nazismo. Creo que una persona de izquierdas tiene que alegrarse tanto del final del franquismo como del final del estalinismo o del castrismo. Pero entonces ¿qué significa hoy ser políticamente *de izquierdas?*

[...]

Para mí ser de izquierdas es ante todo buscar la plena *libertad* política: pero una libertad que no sólo emancipe a los hombres de las tiranías de los dictadores de cualquier tipo, sino también de la tiranía de la miseria (que proviene de catástrofes de la historia o de la naturaleza), de la tiranía de la ignorancia, de la tiranía de los prejuicios raciales o nacionales, incluso de la tiranía de un mercado que —como otras fuerzas modernas: la energía nuclear, por ejemplo— resulta indispensable para el desarrollo de las democracias contemporáneas, pero cuando funciona sin control social primero las contamina y mañana quizá las pulverice.

Sobre todo, permítanme ser tendencioso: ser de izquierdas es no ser de derechas. Y la derecha, sea cual fuere la justificación partidista en que se ampare, consiste hoy en utilizar políticamente la brutalidad criminal y la mentira para lograr objetivos en sí mismos quizá loables; en alentar la discriminación social o étnica en nombre de razonamientos científicos, nacionalistas o religiosos; en fomentar el puritanismo paternalista en lugar de educar para la responsabilidad; en sacrificar cualquier miramiento o ternura humana al logro del máximo desarrollo económico, el triunfo de la propia cultura, la extensión del reino de Dios sobre la tierra o cualquier otra gran causa. Es de derechas querer que los países sean homogéneos, invulnerables y ultraproductivos a cualquier precio; la izquierda se resigna a lo diverso, a lo incierto y a lo frágil, pero exige que ningún humano olvide nunca la *preocupación* por los humanos, clave de su humanidad misma.

Despierta y lee, págs. 289-290

La religión progresista

La estupidez de derechas me alegra como el rescoldo liberador de la contradicción en la que confío, pero la idiotez de izquierdas me deprime inconsolablemente, pues en ella vislumbro la autorreproducción inviolable de lo mismo. De aquí que ser antiprogresista sea uno de los pocos designios libertarios que mantengo sin flaquear.

F. Savater

Término que goza de indudable buena salud entre los códigos de lo políticamente correcto, el progresismo *supone para Savater la creencia en las bondades de un futuro imaginario. Esta superstición que vuelca su fe en un destino ideal hace que cualquier acto presente puede llegar a ser justificado. Por ello, no es casual que bajo la bandera del progreso se hayan cometido, y se sigan cometiendo, muchos de los disparates que padece la humanidad.*

* * *

Reclamarse ateo porque se niega la existencia de fuerzas supramateriales o del Gran Espíritu, para afirmar a continuación que la historia progresa irrefrenablemente hacia la luz y la libertad de los oprimidos, es un simple error lingüístico, un abuso verbal. El ateo no puede ser progresista, en el sentido de que no puede creer en el progreso, porque si avanzamos hacia lo Bueno, aunque sea con eventuales retrocesos, eso quiere decir que estamos en el buen camino y el presente queda justificado como vía necesaria hacia el radiante porvenir. La suma de dolores pasados y presentes son imborrables y contaminarán con su sombra la blancura de cualquier logro futuro.

Nihilismo y acción, pág. 45

Mayo del 68

Entonces se creyó que era el comienzo de algo; luego se admitió, con el mismo desparpajo, que era el final de todo. De paradise now *a* apocalypsis now.
F. Savater

Mayo del 68 *es ya un referente mítico para la izquierda. Este movimiento produjo un ataque desconocido hasta entonces a la totalidad de la sociedad y la política, y no sólo a algunos aspectos de ellas, ya que el blanco de las protestas incluía, también, partidos y sectores tradicionalmente izquierdistas y revolucionarios, así como los regímenes del este de Europa y los partidos comunistas oficiales.*

Aquí, Savater se ocupa de alabar y desmitificar respectivamente esta experiencia —que englobó movimientos muy diversos y que generó una iconografía vigente aún hoy día—, destacando tanto la pretensión ilusoria de quedarse anclado en ese momento como la serie de disparates políticos que de él surgieron de forma más o menos legítima y que quedaban ocultos bajo la mitificada aureola del mayo del 68.

* * *

En mayo de 1968 estuvo a punto de cristalizar el primer rechazo activo de la totalidad de las estructuras de un país industrial avanzado: se atacó no a un gobierno ni a una política determinada sino a todo un proyecto de vida, un sistema completo de valores. Las concesiones terminológicas a los conceptos tradicionalmente revolucionarios enmascaran la profunda originalidad de las acciones llevadas a cabo aquellos días.

[…]

Pero la refutación activa de los valores no se agota en las algaradas universitarias o en el misticismo hedonista de los hippies. No falta otra respuesta, suprema y oscura, ante la insuperable injuria de la existencia no escogida. En enero de 1970, dos jóvenes estudiantes de liceo de Lille se dan muerte quemándose vivos con pocos días de intervalo entre uno y otro caso. Ambos contemplaban desesperanzadamente los terribles sucesos de Biafra, Vietnam y Checoslovaquia; la hipocresía con que sus mayores aceptaban el mal necesario les era intolerable. Pero no fue la filantropía lo que les movió a la desesperación, sino el convencimiento de que aquellos nombres de tragedias geográficamente lejanas eran los símbolos actuales del lenguaje de dolor, como ayer lo fueron Hiroshima y Auschwitz, símbolos de un mal sin fronteras que para ellos tenía el rostro inevitable de la juventud burguesa de Lille. «Rehúso parecerme a vosotros. No soy nada. Pero, por mi muerte, llegaré a ser todo», escribió uno de ellos y sus palabras, tan antiguas, tan actuales, no dan tregua al espíritu que medita sobre ellas. Aterrado, el rector de la Academia de Lille hizo público un llamamiento patético a los profesores y alumnos de los liceos, que terminaba así: «Los profesores y los alumnos continuarán trabajando en calma, en una atmósfera de comprensión reafirmada. Es preciso que todos demos un ejemplo de dignidad.» Este rector que ve su dignidad amenazada por el indecoroso escándalo de la muerte sospecha el verdadero alcance de lo ocurrido y presiente que los adolescentes se han suicidado contra él y contra lo representado por él: naturalmente, no se equivoca. Los jóvenes de Lille harían con su cruel metafísica ostentiva más cosas en el cielo y en la tierra de las que la filosofía de un rector conoce.

Nihilismo y acción, págs. 19-22

Hace ya bastante que abandoné por completo la ilusión de considerar las *memorabilia* de mayo del 68 como un signo de juventud y lozanía vital.

[...]

De modo que soy hijo del Gran Mayo, pero hace años que no practico. Ni ganas, con la variopinta progenie que le ha salido de héroes locuaces que estuvieron simultáneamente en Berkeley, Madrid y París, sin dejar de efectuar raudas excursiones a Berlín y Praga. Mayo del 68 tiene ya más hijos espúreos que Espartaco, aunque no deseo que todos pasen por la «máquina de la verdad»: sería un castigo demasiado horrible. (...) Nada, lo dicho: hace mucho que sonó la hora de jubilarse. La supuesta juventud de corazón es una estrepitosa ordinariez para la que nunca han de faltar candidatos, así que huyamos discretamente rumbo a la canosa experiencia.

Aquel año famoso hubo muchos mayos, no uno solo. El mayo de los estudiantes de Madrid o Barcelona que cantábamos «No nos moverán» mientras corríamos alegremente ante los esbirros franquistas no era igual que el de las barricadas del Barrio Latino, el de las doctas soflamas de Rudi Duchtske en Berlín, los de las valientes algaradas anticomunistas en Varsovia o las aún más esforzadas y trágicas de la plaza de las Tres Culturas en México. Aunque se compartiesen ciertos mitos, cierto *estilo* histórico, las urgencias reivindicativas y la reacción represiva eran demasiado diferentes. Y también en cada uno de esos escenarios los planteamientos eran diversos y contrapuestos, porque las actitudes más típicamente sesentayochistas (individualismo, libertarismo, hedonismo, énfasis en la vida cotidiana y en el momento presente, repudio de las burocracias revolucionarias o reaccionarias) tropezaban con nuevos dogmatismos y nuevos colectivismos, chocaban con quienes querían leer los acontecimientos presentes según lo establecido por la Vulgata ortodoxa o se ofrecían como nuevos gestores leninistas (¡y aun maoístas!) del grato desconcierto reinante. Aún más: dentro de cada uno de nosotros se mezclaba la pugna contra lo que impedía extender y profundizar las libertades democráticas con las coces contra lo que las posibilitaba o podría llegar a posibilitarlas. El tiempo y sus metamorfosis se encargarían luego de aclararnos un poco o confundirnos del todo.

¿Hubiera sido preferible que no nos transformásemos tanto, que todos nos hubiéramos quedado heroicamente congelados en un mayo eterno? Algunos, con malicia o sincera nostalgia, resaltaron cuánto trecho media entre el ayer y el hoy, cuánto y cómo hemos cambiado desde hace un cuarto de siglo. Se han gemido suspiros embarazados y tímidas disculpas. Otros afirman con patética convicción que siguen siendo los mismos. Pero no he oído a nadie decir que sin duda hemos cambiado y que menos mal sin duda que hemos cambiado. En aquellos días eran de curso legal disparates siniestros y dañinos, como el proyecto guevarista de sembrar uno, dos, cien nuevos Vietnames por Latinoamérica, o la beatificación de la «revolución permanente» de Mao o la exaltación de la guerrilla urbana como vía para regenerar radicalmente las sociedades avanzadas o la superstición más tediosa de todas, la de que uno puede vivir en asamblea permanente, etc... Haber despertado de tales mitos no es claudicación sino sensatez. Y lo mismo debe decirse de un cierto estilo contestatario basado en la juvenil zapatiesta: alguna vez los ideales le pueden llevar a uno a tirar adoquines, pero es difícil que tirar adoquines llegue a ser considerado un ideal perdurable.

Además está el ejemplo poco alentador de lo que no cambia, sean personas o actitudes. (…) Cuando cualquiera de estos inmovilistas de tan vario pelaje me pregunta: «Abuelito, ¿por qué has cambiado tanto?», les respondo con voz de lobo: «¡Para combatirte mejor!»

Schopenhauer recibió de Oriente su denominación de «velo de Maya» para designar el cendal de ilusiones que cubre fantasmagóricamente la realidad dolorosa del mundo. También ha habido durante demasiado tiempo un cierto «velo de Mayo» que ha impedido ver claramente los perfiles no ilusorios sino quizá dolorosos de la acción política que ahora puede y debe llevarse a cabo. Será oportuno recordar el dictamen de Bluntschli: «La política debe ser realista; la política debe ser idealista: dos principios que son verdaderos cuando se complementan, falsos cuando están separados.»

Libre mente, págs. 53-57

El Che, santo y mártir

Ernesto Che Guevara se convirtió en uno de esos mitos nacidos del mayo del 68 que sirven a la izquierda europea como símbolo con el que identificarse. Aquí, Savater deja a un lado el papel histórico del Che y analiza su función de leyenda, de icono para la izquierda occidental, es decir, de imagen formada más allá del personaje real, a través de la lejanía y de su temprana muerte en el campo de batalla.

* * *

Hace veinte años, mis amigos libertarios y yo teníamos al Che por basura leninista, exportada con fines propagandísticos por un gran campo de concentración llamado Cuba; sus *posters* jesucrísticos rodeados de veneración por *progres* blandengues no nos merecían más que sarcasmos. Hoy mi consideración del personaje, incluso de la propia Cuba, es muchísimo más matizada, como aprenderá en parte quien tenga la paciencia de seguir leyendo.

Dejo voluntariamente a un lado la referencia al concreto papel histórico desempeñado por el Che. No me parece ésta una actitud hostil, pues no faltan objeciones serias contra los presupuestos teóricos y los resultados prácticos de sus aventuras revolucionarias. Tan sólo señalo que hoy la guerrilla latinoamericana debe ser considerada como un síntoma del atroz conflicto político que padecen esos países y como un dato imprescindible a la hora de resolverlo, pero no como la solución misma. Pedir sin matices y como suficiente panacea el respeto a las formas democráticas puede ser una simplificación interesada, pero atenerse al modelo cubano o nicaragüense como única emancipación lícita en la zona aún produce peores efectos políticos.

Pero lo que más me interesa recordar no es el papel que tuvo el Che y también la guerrilla en América, que puede ser justificado de manera parcialmente convincente, sino el que desempeñó su mito en la Europa de los años sesenta y setenta. Como todas las situaciones de aparente fervor colectivista, aquel momento pedía superindividualidades carismáticas: el Che sirvió de héroe identificatorio y también de apto detentebala para nuevos escapularios. Son funciones taumatúrgicas que la beatería izquierdista nunca hubiera concedido a un Camilo Cienfuegos o a un Roque Dalton, a los que la circunstancia histórica hizo prestar un testimonio menos edificante. Lo que se pedía de este tipo de héroe compensatorio es que se mostrase allá donde los demás se ocultaban: no en vano llamaba Tucídides a los héroes *andres epifaneis,* hombres que se muestran, que se hacen totalmente visibles. Incluso su muerte había de reforzar este papel de exposición, pues quedarse en el sitio era un modo de permanecer por siempre disponible.

Tal como en el siglo XVIII las aristócratas de la Francia prerrevolucionaria jugaban a pastorcillas en falsas grutas habilitadas en los jardines de sus palacios, los jóvenes europeos de los años sesenta reinventaban al buen salvaje jugando a guerrilleros latinoamericanos en las capitales de avanzados estados industriales. La intervención decisiva del héroe debía zanjar de una vez por todas las postergaciones y litigios de la fastidiosa política parlamentaria, propiciando el salto cualitativo sin escalas a la utopía realizada. Basta de trámites, basta de aplazamientos y trabas, basta de miserias provocadas por el difícil aunamiento de la voluntad colectiva. En este punto, me atrevo a pronunciar la blasfemia suprema: el Che fue —en cuanto mito europeo, no en cuanto personaje histórico americano— otro Rambo. Ambos se debaten en el exótico manglar primigenio, ambos se valen por sí solos y caiga quien caiga, ambos son obstaculizados por las cortapisas inescrupulosas de los políticos, ambos son guardianes insobornables de hoscos principios que no están dispuestos a discutir. ¡Qué alivio energético identificarse con cualquiera de ellos, qué superioridad alucinatoria sobre la ineficacia de quienes tantean y pactan a nuestro alrededor!

Se repite que nuestro presente narcisista se ha refugiado en la privacidad y ha abandonado culpablemente el anhelo de utopía. Algunos preconizan una juvenil inyección utópica para recuperar la generosidad política perdida. Pero ¿hasta qué punto no era también narcisismo —y de la peor especie, de la que ignora su nombre o se avergüenza de él— aquella identificación con el héroe, preferentemente muerto? ¿Acaso no ha servido de coartada aquella utopía para la apatía actual? Si no se puede obtener todo y de un solo zarpazo —los héroes han muerto traicionados— ¿a qué molestarse en trampear laboriosamente con lo real? Ya todo vale. La utopía heroica era la promesa de un gesto superpolítico que aboliera para siempre la necesidad de la política: ¿cómo resignarse después a un juego político que no promete más que su continuación indefinida, aun en el mejor de los casos? Volvamos a casa, a nuestros negocios, con el alivio de que en su día estuvimos de parte de quien inútil y heroicamente lo intentó todo. Veinte años después se puede ser positivamente comprensivo con Che Guevara en su conflictiva y contradictoria trayectoria histórica; pero con su mito, con el otro Rambo, hay que ser tan implacable como con cualquiera otra forma de nostálgica pereza.

Sin contemplaciones, págs. 173-176

La ceguera patriótica

La patria *no es más que una proyección colectiva del yo, una invención que pretende englobar en una sola, única e inmutable realidad la suerte de una pluralidad de individuos. Esta ficción sirve para justificar la exclusión y, en último término, la eliminación del otro, del que no pertenece a ese grupo más o menos impermeable que no ve más que esa venda en sus ojos llamada patria.*

* * *

A finales del siglo XVIII escribió el agudo ironista alemán Lichtenberg: «Algo daría yo a cambio de saber exactamente por quién se han ejecutado en realidad esas acciones de las cuales se afirma públicamente que se han ejecutado por la patria.» En efecto, el patriotismo no sólo es el revestimiento edificante de muchos buenos negocios, sino que él mismo es uno de los mejores negocios en los que todavía puede invertirse. En nuestros días los sociólogos insisten en la crisis de las grandes identidades colectivas, como la Nación, la Iglesia o el Partido político, que tienden a ser sustituidas por formas más cálidas y reducidas como la pequeña comunidad o región natal, la secta y el grupo de acción social centrado en torno a alguna reivindicación de la vida privada: sexo, droga, etcétera... Pero a la Patria, esa venerable cristalización del narcisismo colectivo, todavía le queda cuerda para rato. Lo mismo que constituye su crisis ayuda por otra parte a que renazca la lógica militar a ella vinculada: tal es el caso de los nacionalismos independentistas violentos, que por una parte se oponen a la centralización estatal de la Patria vigente y por otro reproducen los delirios patrioteros más feroces, pero esta vez bajo el sello «revolucionario».

[…]

El comentario más habitual de los patriotas poseídos por la lógica militar cuando quieren revestir de dignidad sus atropellos es: «Tú no eres de los nuestros (no eres argentino, vasco, judío o lo que sea), por eso no puedes entendernos.» En efecto, quien no padece la ceguera patriótica a ultranza difícilmente puede comprender ni menos excusar o incluso entusiasmarse por actuaciones que bajo cualquier sol cosmopolita no parecen más que barbaridades. El deseo de reivindicar las diferencias y mimar gozosamente lo peculiar no puede hacer olvidar, a estas alturas de la historia, la universalidad de ciertos principios valorativos.

Sobre vivir, págs. 53-55

Los temores de la globalización

Uno de los peligros del proceso globalizador sobre el que se suele avisar es el de la posible homogeneización del mundo, el riesgo de que un solo modelo de economía, de política y de vida invada todo el planeta. Savater trata de desmontar esta idea recordando la tendencia humana a la imitación y a la uniformidad, tendencia que en ningún momento histórico precedente ha acabado con las diferencias entre los individuos. Lo que sí atenta contra las diferencias individuales es, precisamente, la defensa, por encima de ellas, de diferencias étnicas, grupales, culturales, nacionales o raciales.

* * *

Dijo Albert Camus que hay dos tipos de inteligencia, la lista y la tonta. La lista sirve para comprender, prevenir y remediar; la tonta para deplorar lo que se entiende a medias y dar falsas alarmas. Uno de los tópicos más sobados de la inteligencia tonta actual (junto a la crisis de los valores y el retorno de lo sagrado) es el pánico ante la homogeneización universal. Por lo visto, el mundo pierde sus diferencias y pronto será todo idéntico, alternándose en cada trecho un McDonald's con un anuncio luminoso de Sanyo, seguidos por una oferta de Coca-Cola y un Pizza Hut. ¡Adiós a la diversidad de gustos e indumentarias, a lo exótico que a nada se parece, a los indígenas incorruptibles que rechazan la tarjeta de crédito porque no es comestible! Pobres viajeros: por muy lejos que vayan en pos de lo insólito, siempre deambularán de lo mismo a lo mismo.

Ahogo un sollozo y seco mis lágrimas a fin de intentar ver más claro. Para empezar, la supuesta uniformidad universal no implica desgraciadamente el fin de las desigualdades. Las perspectivas vitales del niño que nace en Guatemala siguen siendo bastante diversas de las del que nace en Suecia, por no hablar de las de la niña argelina frente a la niña francesa. El reparto de la asistencia médica, de la oferta educativa o de las libertades públicas se mantiene dispar no sólo a escala internacional, sino incluso dentro de un mismo país: ¡hasta en una misma ciudad, a poco grande que sea! Por ese lado no hay miedo de que la monotonía nos agobie. Lástima, porque no todas las diferencias son buenas por el simple hecho de ser diferencias, ¿verdad?

Pero también es cierto que uno encuentra en los rincones más inesperados del planeta pantalones vaqueros o un transistor que inflige melodías de Julio Iglesias. Cualquier color local se ve contagiado por la lepra de colores foráneos, ninguna selva es ya del todo virgen, los indígenas del Mato Grosso preguntan por Butragueño a los españoles y en la convención demócrata se bailó al son de *Macarena.* En los pasados mundiales de fútbol en EE UU, un niño paquistaní intentó suicidarse al saber que habían expulsado a Maradona... Los ídolos y los fetiches se internacionalizan, gracias a la televisión por satélite y a las multinacionales discográficas. Los clérigos iraníes persiguen las antenas parabólicas como si fuesen los cuernos del nuevo Satán, pero seguro que antes o después perderán la partida. Ustedes o yo nos parecemos ya más a aquellos de nuestros antípodas que comparten nuestros vicios o aficiones que al vecino encastillado en su casticismo: esto es válido para los habitantes de la gran ciudad, pero también para el miembro de la remota tribu... Un personaje de Joseph Roth, el conde Morstin, aristócrata cosmopolita al que su creador atribuye una conjetura que toda mi experiencia personal me inclina a compartir («la teoría de Darwin me parece incompleta. Quizá el mono descienda de los nacionalistas, pues el mono significa un progreso»), ofrece el modelo ideal en el pasado que debería inspirarnos para lo porvenir: «Como cada austriaco de aquellos tiempos, Morstin amaba lo permanente en constante variabilidad, lo habitual en el cambio y lo familiar en medio de lo inusual. Así, lo extranjero se le hacía más íntimo sin perder su colorido y el terruño tenía el encanto eterno de lo extraño» *(El busto del emperador).*

¿Creéis en la transmigración de las almas? Yo sí, pero no en el tiempo, sino en el espacio. En cuanto conocemos a alguien antes lejano nos convertimos un poco en él. La (relativa) uniformación planetaria no se debe a la conspiración imperialista de las multinacionales yankis, sino a la mundialización de las comunicaciones y a la moda (beata o atroz, tanto da) del turismo popular. Para desesperación de los puristas y de los amantes de las esencias, a los humanos nos encanta imitarnos unos a otros. Lo hemos hecho siempre que hemos podido, durante siglos: precisamente a esa manía debemos la civilización. Pero que nadie se preocupe por la diversidad, pues sabe reproducirse sola. Del muy homogeneizador imperio romano venimos españoles, franceses, ingleses, alemanes... ¡Hasta los vascos, si me apuran!

Despierta y lee, págs. 261-263

La Naturaleza como dogma

¡Pobres bichos! ¡Si supieran que sus protectores no quieren rescatarles del ruedo o del zoo más que para llevarles a la parroquia!

F. Savater

Contra un discurso ecológico ingenuo o fanático, Savater establece la distinción entre ecología *y* ecolatría. *La primera tiene que ver con el conocimiento de la naturaleza como hogar del hombre (en su sentido etimológico), y el respeto que como tal le va unido. La ecolatría es una especie de superstición que pretende defender a la Naturaleza de los hombres, así como desdeñar todo lo que no sea natural, pudiendo llegar a extremos grotescos y absurdos. La ecolatría funciona como una religión cuyo Dios es la Naturaleza.*

* * *

A la naturaleza en general le tengo más respeto receloso que verdadero afecto. La sublimidad de ese amor que a su vez no espera ser amado, caro a Spinoza, me resulta de momento inalcanzable. Por otra parte, no entiendo esa manía de presentar a la naturaleza como si fuese una dama desvalida, ultrajada y violada por el atrevimiento soez de los hombres. Comparado con lo que la naturaleza nos hace a cada uno de nosotros, todo lo que nosotros le hagamos a ella es *peccata minuta.*

Suponer que la tenemos poco menos que acorralada es un exceso de optimismo, pues aunque destruyésemos todo nuestro modesto globo, aún quedaría naturaleza intacta para dar y tomar. En el fondo, a los únicos que ponemos en peligro con nuestros desvaríos es a nosotros mismos, porque somos nosotros quienes necesitamos tales o cuales condiciones naturales que podemos alterar o abolir para nuestro perjuicio; la naturaleza, en cambio, no nos necesita para nada, y ni podemos alterarla en sus leyes ni mucho menos abolirla en su conjunto. El verdadero suicida, dijo Albert Camus, desea con su gesto suprimirse no sólo a sí mismo, sino al universo entero; pero su logro efectivo suele ser más modesto.

Claro que los animales y plantas que nos acompañan en nuestro secundario planeta sí que pueden ser destruidos por los torpes abusos humanos. Y también los mares o el ozono, sin los que los hombres no podríamos sobrevivir. Ante esta perspectiva, cabe en efecto adoptar una actitud ecológica muy oportuna. En la palabra *ecología,* la mitad proviene de logos, que vale aquí por *ciencia* o *conocimiento.* Es preciso estudiar el entorno en que vivimos los grupos humanos para determinar las medidas a tomar con el fin de no destruir a nuestros aliados naturales (vivos o inertes, sólidos, líquidos o gaseosos) a fuerza de superpoblación, polución o afán predador de ganancia a corto plazo. Ciertas prácticas arraigadas podían no ser letales para la especie cuando sólo la componían unos pocos miles, o unos pocos millones, pero resultan suicidas a la escala de 5.000 millones de hombres técnicamente avanzados que hoy ocupamos (en el sentido casi militar del término) el mundo, multiplicándonos además con lúgubre rapidez. Y también es tarea ecológica, por supuesto, buscar la supresión controlada de esas formas de vida o de manifestación natural (y no son pocas, desde el virus del sida a los terremotos) que aumentan los males de nuestro ya de por sí agobiado linaje. De modo que la ecología se empeña, beneméritamente, en conocer y reclamar cuantas conservaciones o exterminios pueden facilitar que los hombres habitemos más a gusto la Tierra.

Hasta aquí la ecología que, como el logos de su etimología advierte, pertenece al mundo de la ciencia y de la ilustración. Pero hoy se le superpone y a veces se confunde con ella la *ecolatría,* que es a la ecología lo que la astrología a la astronomía (por cierto, abundan los ecólatras adictos a la carta astral). Como el afán de salvación religiosa tiende a llenar siempre los vacíos de significados culturales, la ecolatría se ha convertido en el dogma pintiparado de beatos sin fe trascendente y comunistas sin comunismo. La ecolatría no defiende los derechos de los hombres a vivir dignamente en la Tierra, sino los de la Tierra (junto a sus animales, plantas, mares, oxígeno, etc.) a no ser perturbados o *dañados* por la forma de vivir de los hombres. La manifestación caricaturesca de los ecólatras (dejando aparte las más siniestras de quienes están dispuestos a consentir atentados para salvar paisajes o los que acometen secuestros para liberar a cobayas de laboratorio) se ha dado en la indignación de ciertos *verdes* alemanes que han protestado contra el derribo del muro de Berlín porque a su sombra, resguardada a tiros de molestos transeúntes, habitaban patos y conejos de insólita lozanía, entre flores en otras partes ya inencontrables. Lo que el ecólatra venera, lo sepa o no, no es el logro de un mejor hábitat para el hombre, sino la pureza antihumana de una naturaleza de la que el hombre está ausente. O en la que está presente no al modo humano, es decir, emprendedor y transgresor, sino al modo animal —vegetal no es posible— de integración total en un medio cuyas leyes obedece, pero que jamás dicta.

¿Y los *derechos* de los animales y de las plantas? Rechacemos esta indigna parodia. El funcionamiento natural no reconoce derechos, sino que actúa según la tranquila eficacia de las causas necesarias. Ha hecho desaparecer más especies vegetales y animales de las que los hombres podrán aniquilar jamás: ¿quién se ocupa de los *derechos* de los dinosaurios o de los helechos gigantes? Si ahora hay familias naturales que parecen optar a derechos será por contagio con los humanos y, por tanto, sometiéndose a la cultura de éstos: porque derecho implica reciprocidad, concesión y deber. Es, sin duda, un deber cultural, estético en buena medida (como el de no destruir sin necesidad obras de arte), el que lleva a preservar de la aniquilación o de la crueldad gratuita a muchas especies zoológicas o botánicas. Pero ese deber cultural no está disociado de otras formas de cultura humana, como es el gusto por la caza, la tauromaquia o la afición a embellecerse con pieles o a tomar determinadas exquisiteces culinarias. Vaya lo uno por lo otro. Los últimos reclutas ecólatras de los que me han hablado son Rambo Stallone, el Papa y Kurosawa, que se degrada en su última película a tristes formas de ecolatría senil. Tanta polución ecolátrica debería dar que pensar.

Sin contemplaciones, págs. 159-162

Durante mi infancia y gran parte de mi adolescencia viví embobado en la fascinación por los animales *llamados salvajes* (como rezaba el título de un célebre libro de André Demaison que por entonces me gustaba mucho). No había colección de cromos con bichos que no se ganase mi devoción —mi álbum favorito fue *De la selva misteriosa a los abismos del mar*— y películas como *El desierto viviente* y *El mundo silencioso* tuvieron tanta culpa de mi educación sentimental como John Ford. Lo primero que visitaba en una ciudad forastera era el zoo, que en Madrid tenía entonces el sugestivo nombre de *Casa de Fieras.* Hoy todavía me encanta ver documentales zoológicos en televisión, impecables en la mayoría de los casos pese a la manía de programarlos a la hora sagrada de la siesta. Con los animales domésticos, en cambio, siempre he sido más receloso, salvo si se trata de caballos de carreras (que no son propiamente domésticos, sino domesticados): nada me repugna más que el tono entre mandón y paternalista con que los amos suelen dirigirse a sus perros, a los cuales se empieza por insultar quizá merecidamente llamándolos *los mejores amigos del hombre.* Dentro de cada uno de nosotros dormita un sargento, una estricta gobernanta y la melosa tía solterona empeñada en atiborrar de dulces al niño inapetente, monstruos que despiertan en cuanto ven agitarse dócilmente el rabo de un perro, por poco faldero que sea.

Me parece que es precisamente esa fascinación antigua que siento por los animales lo que me pone en guardia contra la suposición de que poseen *derechos* morales semejantes a los humanos. No creo que los animales tengan derechos porque me niego a suponer que tengan deberes: son lo que son, no lo que deben ser. Lo que muestran a nuestra imaginación y a nuestra sensibilidad ética (también estética) es el ejemplo de una vitalidad que no legisla sobre sus propios límites —estableciendo la pauta de las transgresiones— sino que los asume por necesidad. Ya es suficiente razón para preocuparnos por ellos, para *atenderlos* en la medida de lo posible. La simple observación de los seres naturales enriquece sin duda *filosóficamente* a quien la practica. Por eso Rilke recomendó a su joven poeta el ver «a los animales y a las plantas acoplarse, multiplicarse y crecer, con paciencia y docilidad, no para servir a la ley del placer y del sufrimiento, sino a una ley que va más allá del placer y del sufrimiento y prevalece sobre toda voluntad o resistencia».

Los animales sufren y hacen sufrir a otros bichos, pero no son crueles: los únicos que podemos serlo somos los humanos, porque sabemos lo que significa sufrir. Y sobre todo porque podemos comprender la abyección que supone *querer* que otro sufra. ¿Se han fijado ustedes que llamamos animales *superiores* precisamente a los que nos parecen más capaces de sufrir? Es que la conciencia del sufrimiento establece a nuestro modo de ver la jerarquía en el orden de la naturaleza: cuanto más pueden sufrir, más se nos parecen.

Despierta y lee, págs. 291-293

El atractivo de la política

«La paradoja de hoy consiste en que el individuo, por una parte, quiere protegerse del Estado y, por otra parte, quiere que el Estado le proteja.»

José Sánchez Tortosa: *Lo primero que quería preguntarte es si consideras necesario, o al menos útil, una redefinición de los términos izquierda y derecha.*

Fernando Savater: Yo creo que sí ha habido una diferencia entre derecha e izquierda en el sentido de que hay un proyecto que lo que pretendería es que todo lo que recibimos por herencia lo fuéramos de alguna manera convirtiendo en voluntario. Cada uno de nosotros, la mayor parte de lo que recibe, el orden social, le viene impuesto por la herencia. Somos eslabones al final de una cadena. Casi todas las costumbres, historias, tradiciones que recibimos están ya determinadas. Entonces el proyecto emancipador intenta ir sustituyendo las cosas aceptadas por tradición o por genealogía e irlas convirtiendo en cosas voluntarias, ir sustituyendo eso que hemos recibido como irremediable por opciones más o menos encuadradas en lo determinado, pero aceptadas y pactadas voluntariamente, dando más espacio a lo aceptado voluntario que a lo meramente irremediable. Yo diría que a los que simplemente se resignan al marco de lo establecido y de lo asumido les llamaría gente de derechas, mientras que a la gente que quiere conceder mayor espacio al plano de lo voluntario frente a lo irremediable les llamaría gente de izquierdas. Pero esto tiene poco que ver con la izquierda y derecha tradicionales y, por supuesto, con la aceptación de los venerables dogmas, sean marxistas o de otro tipo. Hoy, por ejemplo, hay una izquierda que por una obsesión más o menos antisistema va contra las partes, digamos, del sistema en el sentido de tradición impuesta, mecanismo económico deshumanizador, etc., y también contra las partes del sistema que son conquistas sociales emancipadoras, proyectos democráticos, etc. Eso hace que, por ejemplo, haya una izquierda hoy que defienda causas atávicas. No se le ha dado mucha importancia, pero hace unas semanas, en el parlamento de Andalucía, una señora del PP... bueno, no una señora cualquiera, una diputada, presentó el caso de los médicos; ya sabes que los papás musulmanes obligan a que los médicos expidan certificados de virginidad a sus hijas para venderlas, y quieren que eso corra a cargo de la Seguridad Social. Los médicos se niegan, naturalmente, y esta señora del PP propone que esta gente quede exonerada de practicar esos exámenes y que esta práctica sea considerada ilegal. Fue derrotada la enmienda de esta señora por los votos de IU y del PSOE, cuando los grupos musulmanes son los más reaccionarios del mundo, y ahí está el cinismo de la izquierda. Lo mismo que sucede hoy en el País Vasco con IU colaborando con el PNV. Por eso aquellos que quieren radicalizar lo que es ciudadanía y democracia pueden ser llamados grupos progresistas o de izquierda. El simple planteamiento antisistema, el academicismo de lo antisistemático de los que dicen, por una parte, quiero que me liberen del Estado, pero a la vez, recibiendo subvención, el Estado me protege, eso yo creo que tiene que acabarse. Y esta otra izquierda, lógicamente, terminará haciéndose de derechas.

J. S. T.: *En relación con esto, ¿qué dirías tú de las manifestaciones tan peculiares de la izquierda actual, representada por las ONG y el movimiento antiglobalización, en general? ¿Te parece que pueden tener realmente eficacia liberadora o transformadora?*

F. S.: Ahí hay de todo. En esto pasa como con la electricidad: uno puede ser partidario de la electricidad sin ser partidario de la silla eléctrica. Del mismo modo, uno puede ser partidario de la globalización sin ser partidario de que la globalización afecte fundamentalmente al capital financiero, al tráfico de armas o de drogas y no a la protección social, a la defensa de la ciudadanía, etc. Es verdad que dentro de esa protesta hay casos muy relevantes y otros bastante grotescos. No confío mucho en que Bush tenga grandes ideas para salvar a la humanidad, pero Hebe de Bonafini o José Bové, menos. Frente a los grupos de los grandes capos dedicados exclusivamente a complacer a instancias financieras, los jefes de Estado, si les dejan, se convierten en simples delegados de empresa. He ahí la importancia que puede tener el movimiento antiglobalizador. Y a mí me parece que hoy el campo de juego fundamental es ver hasta qué punto se puede crear una organización supranacional eficaz y consensuada que no se convierta en un corsé casi de ciencia-ficción entre buenos y malos.

J. S. T.: *¿Y no crees que hay una parte no desdeñable del movimiento antiglobalización y de cierta izquierda que, precisamente, defienden causas tan reaccionarias como etnicismos y nacionalismos de diverso tipo?*

F. S.: Es verdad que a veces se considera que es antimoderno todo lo que es anticapitalista, pero hay muchas cosas, como tradiciones, artesanías, formas de vida, que tienen su propio mérito, que son consideradas desdeñables porque obstaculizan la visión capitalista del desarrollo industrial. Puede haber cosas valiosas y buenas aunque sean antimodernas y no rentables. Ahora, es verdad que un señor que lo que quiere es conservar al indígena indígena, es decir, sin derechos ciudadanos, viviendo pendiente del gurú de la tribu y no de la ciencia contemporánea, ése lo que quiere es perpetuar simplemente su desarrollo. Los antropólogos son una de las sectas más peligrosas del mundo. Suelen ser todos ex curas y tienen esa visión de que cuanto más disparatado y más chocante para el occidental sea la cultura del indígena, más propia y, por tanto, más digna de ser perpetuada. Manejan argumentos del tipo *¿Quiénes somos nosotros para decirles que se prohíba lo de la ablación del clítoris? ¿Desde dónde?* Bueno, pues desde donde se puede decir que la persona que trata de camelar a su señora con ternura es mejor que el violador o el que trabaja en un banco es mejor que el que lo asalta. Ahí sí, efectivamente, hay una izquierda que no sólo no va aumentando el cómputo racional de beneficios, sino todo lo contrario, pero yo creo que la mayoría defiende una propuesta en la que se plantee *bueno, esto vamos a hacerlo entre todos* y no sólo preguntando a la General Motors.

J. S. T.: *Y en la polémica ya casi tradicional entre mercado y Estado, ¿es inevitable, a tu juicio, optar por una de las dos alternativas? ¿Cómo te parece que debe ser esa relación?*

F. S.: Una sociedad tiene que ser lo que significa, es decir, tiene que tener unos espacios públicos donde la gente esté asociada. Una sociedad no es una reunión de seres ya prefigurados y completos, como dice la señora Thatcher. Para ella, el ser humano nace perfectamente completo, acabado y luego se reúne con los demás y si le parece bien sigue y si no se marcha. Digamos que va a la sociedad como quien va a un picnic. Eso es absurdo. El individualismo es un producto de la sociedad, sólo la sociedad en su evolución ha producido individuos, por tanto, no es que la sociedad sea producto de la reunión de individuos, sino que el individuo es un producto de la evolución de la sociedad. En este sentido, la sociedad mantiene necesariamente una dimensión pública, porque hay muchas cosas que tienen que estar determinadas por el pacto de mutua asistencia y, sobre todo, de mutua consideración. Yo creo que vivir en sociedad es tomarse en consideración unos a otros, desde el punto de vista del lenguaje, desde el punto de vista de la cultura, es decir, que los otros sean considerados y, de alguna manera, tener conciencia de haber valorado la presencia del otro. Por eso, se requiere ese conjunto de instituciones que garanticen eso. El mercado, por su parte, cumple una función necesaria dentro del sistema en que vivimos pero que no puede sustituir al Estado en todas estas cosas. La paradoja de hoy consiste en que el individuo, por una parte, quiere protegerse del Estado y, por otra parte, quiere que el Estado le proteja. Entonces casi todos los conflictos que se dan constantemente se producen entre gente que cuando se siente demasiado protegida por el Estado empieza a pensar *¿y a mí quién me protege del Estado?,* y cuando se protege mucho del Estado, entonces se encuentra sin protección frente al resto de peligros. En esa dialéctica, la pregunta es: «¿Cómo el Estado puede proteger sin que, a la vez, quedemos desprotegidos frente a él?»

J. S. T.: *Se ha planteado recientemente una cierta polémica a cuenta del concepto de* multiculturalismo, *sobre el que tal vez se han dado demasiados palos de ciego y cuyos términos no se han precisado con total corrección. ¿Qué tienes que decir tú para aportar claridad a la discusión?*

F. S.: Hay gente según la cual multiculturalismo quiere decir que pueden convivir armónicamente un negro, un chino, un hindú, entonces nos parece a todos bien, pero eso no es el multiculturalismo. El multiculturalismo es que no hay forma de elegir entre las diversas culturas ningún tipo de valores que vayan más allá de las justificaciones internas de cada una de ellas, o sea, que dentro de los elementos de una cultura, de la forma de enfocar la convivencia, no hay posibilidad de optar entre lo que dice una y otra. Cuando se dice que ellos nos traen sus elementos culturales, bueno, nos traen, en unos casos, elementos culturales y, en otros casos, esclavitudes, represiones, que nosotros no tenemos por qué aceptar, sino contra las que tenemos que luchar. Por ejemplo, la visión feudal de un rey absoluto, como el caso marroquí. Evidentemente no tenemos que respetar esa idea, sino hacer todo lo posible para que no se extienda y para que, incluso, la persona que la padece se vea libre de ella cuanto antes. No es cierto que todas las formas culturales sean iguales. No es verdad que dentro de una democracia quepan todas las culturas. ¿Cómo va a ser mejor la antropofagia que comer un bocadillo de jamón?

J. S. T.: *También, en relación con esto, ¿ves como un peligro real la amenaza del integrismo islámico como la forma que el terrorismo internacional parece estar adoptando de forma más contundente?*

F. S.: Yo veo como un peligro real, en toda circunstancia, el integrismo. En este país no necesitamos a los integristas árabes. Ahí tienes a los curas vascos, a la Conferencia Episcopal, etc. El otro día estaba firmando en la Feria del Libro, un señor mayor se me acercó y me dijo: *Yo, lo de la ilegalización de Batasuna no termino de verlo claro. Ahora, lo que veo claro es que habría que ilegalizar la Iglesia católica.* Pues mire, estoy de acuerdo con usted. Habría que empezar por lo fundamental y luego ir a lo accesorio. En este país tenemos una Iglesia, la Iglesia católica, amenazadora contra la palabra democracia, que lleva años boicoteando los intentos del país de desarrollarse tecnológicamente, desarrollar unas igualdades liberales y cosmopolitas. Se dice *¿y si viene el imán de la mezquita de Damasco?* Pues aquí el problema es el arzobispo de Zaragoza.

En términos generales, todos los integrismos son peligrosos, todos los integrismos son, de alguna manera, violentos, crean ese aura antisistema que aunque no resuelve ninguno de los males da un exutorio a la desesperación de los que la padecen. Bin Laden no va a resolver ningún problema del mundo, pero al menos a la gente desesperada por los problemas del mundo les puede dar la impresión de que ya se está haciendo algo. Una de las cosas que se plantean es ¿cómo unas ideas tan absurdas, inventadas, como las del nacionalismo vasco, injustificables desde el punto de vista de la historia, pueden despertar tanto interés? Pues porque, sin resolver nada, dan la sensación de que se está luchando contra el orden del mundo.

Todas las religiones monoteístas han tendido a la hipérbole integrista.

J. S. T.: *Por último, quería hacerte una pregunta que, si es demasiado comprometida, quedas dispensado de responder. ¿Qué ideas de lo fundamental han cambiado en tus planteamientos políticos desde tus primeros textos hasta ahora?*

F. S.: No ha cambiado el interés por los asuntos políticos, la idea de que los seres humanos tienen que implicarse en la gestión de lo que les rodea. Eso lo tenía de pequeñito y lo tengo ahora. Creo que no deben vivirnos desde fuera, sino que nosotros debemos ser protagonistas de nuestra vida. Nunca me ha gustado ser telonero o comparsa, siempre me ha gustado ser protagonista y entiendo que la democracia ciudadana está hecha de protagonistas, donde nadie es comparsa. El ideal de la buena sociedad es que nadie sale simplemente de telonero en los escenarios. Es curioso que en este país la gente elogia a los que nunca cambian de forma de pensar o a los que cambian de forma de pensar como si jamás hubieran vivido esa experiencia. Es como el señor que dice: «Yo sigo pensando lo mismo que pensaba a los diecisiete años», lo cual, evidentemente, significa que nunca ha pensado nada porque en una idea no se entra como en religión. Yo suelo contar una anécdota de Bertrand Russell: cuando tenía noventa años, le preguntaron si había cambiado mucho su forma de pensar a lo largo de su vida, a lo que respondió algo así: «Es curioso. Yo me he dedicado a dos cosas, que son la Lógica y las Matemáticas y, luego, los temas políticos. En los temas de Lógica, he variado enormemente, he ido desechando sistemas lógicos, la teoría de los tipos, etc., pero nadie nunca me ha reprochado cambiar mis ideas sobre esas cuestiones, que, después de todo, se refieren a lo eterno e inmutable; al contrario, han alabado mi saludable capacidad de innovación, de autocrítica. En cambio, en mis ideas políticas, que se refieren a lo histórico, todo el mundo me reprocha que haya cambiado de opinión, cuando lo lógico es que si la historia cambia, cambie uno.»

Yo he cambiado, me avergonzaría leerme cuatro o cinco libros a la semana, ver no sé cuántas películas, hablar con un montón de gente y seguir pensando siempre lo mismo. Me parecería una muestra realmente aflictiva de pobreza intelectual. Me enorgullezco de haber transformado mis opiniones, pero no he cambiado en que hay que comprometerse con la gestión de la sociedad en que uno vive y luego hay que dar razones para lo que uno piensa.

LECTURAS Y DEBILIDADES

De cualquier forma, por peligroso
que teóricamente pueda llegar a ser,
quiero mantenerme fiel a lo que me ha
hecho gozar.
F. Savater

Spinoza y la alegría de lo necesario

Spinoza representa la osadía de un pensamiento racionalista cuya ética se basa en la alegría y la vida, es decir, en aquello para lo que está capacitado el ser humano y que, potenciado por el conocimiento, le permite vencer las servidumbres y la muerte a las que parece estar abocado. Es el ejemplo de un filósofo en el más admirable sentido de la palabra.

* * *

Si no fue el mejor de los hombres, calificación que incurre en una vacua hipérbole, sin duda fue lo más parecido que históricamente se ha dado a ese ideal de hombre perfecto con que el tedio de los intelectuales suele a veces soñar. Y, sin embargo, también a él, limpia hipóstasis de la coherencia, le devoró la (¿aparente?) contradicción: amable y dulce de natural, acumuló en su contra odios desmedidos; descreyó radicalmente de los prestigios de la nombradía pero llegó a padecer una fama tan escogida como peligrosa; su ética no tuvo otro mandamiento que la alegría y, sin embargo, de su pensamiento se desprende un aura profundamente melancólica; abolió la insulsa contraposición entre espíritu y materia, atributos ambos de una única sustancia absoluta, sólo para que siglos más tarde fuese tomado por espiritualista o por materialista por quienes se niegan a escuchar lo más hondo de su lección.

Ante todo fue un desterrado, es decir, un auténtico judío. Desterrados también sus padres, en primer término, judíos Espinosa de raíz ibérica (saber si eran portugueses o españoles es una de esas vaciedades nacionalistas que Spinoza condenó y que, empero, suelen fascinar a sus exégetas). Exiliado luego de la ortodoxia rabínica: tanto por sus maestros y modelos de independencia espiritual, aquel Uriel da Costa que negó la inmortalidad del alma y murió suicida, tras haber sido excomulgado, o aquel doctor Juan de Prado, también anatematizado por repudiar la necesidad de la fe, como por su propia postura de intransigente racionalismo que le hizo ser expulsado de la sinagoga con los más atroces pronunciamientos y casi apuñalado por un fanático. Fugitivo luego de la ciudad de La Haya en que vivía, cuando su protector Jan de Witt, republicano y racionalista, es asesinado por las turbas populares, reaccionariamente fieles a la monarquía orangista de estrecho calvinismo. Y siempre condenado al exilio del silencio, del secreto, para no atraer físicamente sobre su cabeza las iras que los curas cartesianos de toda Europa habían desatado contra sus ideas, especialmente a partir de la publicación de su *Tratado teológico-político*. Pero él reservaba toda su exigencia (aquí sí, grandiosa, infinita) para su pensamiento; en su vida cotidiana se contentaba con lo más frugal y no quiso posesión ni goce que fuesen mínima ligadura. Humildes pensiones para vivir, ningún amor, pocos amigos, sin otros ingresos que los que le venían de su oficio de pulidor de lentes o alguna donación de un admirador acomodado, de la que rechazaría en cada caso la mitad o las tres cuartas partes si le parecía excesivamente rumbosa. No tuvo otro honor que el de merecerlos y rechazarlos todos: Leibniz fue a visitarle en secreto, peregrino admirado y hostil, pero luego negó haberle visto siquiera, mientras que él no le dio al asunto mayor importancia; se le ofreció una cátedra sustanciosamente dotada en Heildelberg que no le mereció más que una negativa imperturbable y cortés: «No habiéndome nunca sentido tentado por la enseñanza pública, no he podido decidirme, pese a haber reflexionado largamente, a aprovechar esta magnífica ocasión.» Su cuerpo pequeño, frágil, moreno, de enormes ojos penetrantes y manos que Borges conjeturó «traslúcidas», fue minado lentamente por la tuberculosis: nunca le sobró salud, pero en cambio abundó en auténtica *vida*. Baruch de Spinoza sólo llegó a habitar cuarenta y cinco años entre los hombres pero, a partir de ese febrero de 1677 en que murió, los hombres ya nunca deshabitarán del todo el orbe de símbolos que fabricó.

[...]

Según Spinoza, «el hombre libre en nada piensa menos que en la muerte». La sabe necesaria pero en cierto modo *ajena* a él, exterior a su naturaleza. Nuestro cuerpo está hecho para la vida y no se emparienta más que con la vida, pero necesita de muchos otros cuerpos para subsistir: un día u otro hace un mal encuentro y tropieza con un cuerpo con el que es incompatible... La mayoría de las virtudes tradicionales no tienen cabida en la ética spinozista, que no suele considerarlas más que formas inadecuadas de concebir la realidad de la acción. Rasgos como el arrepentimiento, el remordimiento, el sacrificio «para hacer méritos», etc., le parecen auténticos obstáculos en el camino del hombre hacia su perfección. Como bien dijo de él Gilles Deleuze, resumiendo todo el ímpetu desconsoladamente brioso de su pensamiento en una frase: «Spinoza no creía en la esperanza ni siquiera en el coraje; no creía más que en la alegría y en la visión.»

La piedad apasionada, págs. 53-60

Voltaire: libre, comprometido y feliz

Antes de Voltaire, no había intelectuales,
sino poetas, predicadores o sabios; después
de él casi todos lo somos ya.
F. Savater

Una de las figuras predilectas de Savater es Voltaire, por ser emblema de la Ilustración, de la defensa de la libertad y de la racionalidad ante todo. Pero, además, Voltaire es el primer pensador con conciencia de su poder como divulgador, el primer intelectual, en sentido propio, pues empleó la palabra para tomar partido y tratar de influir en los asuntos públicos de su tiempo.

* * *

Ahora que tanto hablamos del futuro incierto de Europa, ¿por qué no recordar una estampa cierta de su pasado, el retrato de uno de los primeros y mayores europeístas? Hace trescientos años que nació Voltaire y aún sigue siendo válido aquel consejo que él pretendía dar a todos los políticos de su época: «Cuando vayas a tomar una decisión, hazlo pensando que Europa te mira.» Como ocurre con otros nombres célebres de la literatura o el pensamiento, en torno a Voltaire han crecido leyendas y malentendidos. Sin duda tuvo una concepción humorística del trabajo intelectual, como cualquier persona seria e inteligente que se dedica a él, pero nunca buscó el chiste por el chiste ni se regodeó en bufonadas gratuitas. Sus bromas fueron aguzadas armas de combate; por medio de la ligereza y de cierto histrionismo de la mayor calidad artística se enfrentó conscientemente a siglos de intolerancia, de rutinas dogmáticas, de altisonantes y piadosas incitaciones al crimen. ¿Su mayor título de gloria? Que en su nombre no se puede perseguir a nadie por sus ideas, ni torturar, ni declarar la guerra santa, ni excluir al prójimo de los beneficios de la humanidad. Puede haber habido históricamente volterianos que practicaron la intolerancia, pero sólo cuando se traicionaron a sí mismos y a las ideas de su maestro...

A veces oímos hablar con reprobación o desdén de los intelectuales *mediáticos,* es decir, aquellos que prodigan sus intervenciones en prensa, radio y televisión, perdiendo así bastante majestad sapiencial y convirtiéndose en algo parecido a vicetiples del pensamiento. Excesos frívolos aparte, los censores deberían recordar que a fin de cuentas *todo intelectual es mediático,* porque la función social del intelectual moderno se origina a partir de ciertos usos de las nuevas posibilidades comunicativas aparecidas en el siglo XVIII. Al santo le basta su intimidad con Dios; al sabio, la docencia recoleta de unos cuantos discípulos escogidos: pero el intelectual necesita abrir espacio público y hacerse patente. Todavía entre los primeros pensadores de la modernidad abundaron los prudentes recelos: la divisa de Descartes fue *«larvatus prodeo»* (avanzo enmascarado) y la de Spinoza era *«caute»* (ten cuidado). En cambio Voltaire no sólo no teme la notoriedad sino que la convierte en su principal herramienta de combate: «Si algo puede detener en los hombres el furor del fanatismo es la publicidad.» Los manejos de los fanáticos son tenebrosos y secretos: hay que combatirlos a fuerza de claridad y de estruendo publicitario.

En este terreno de operaciones, Voltaire fue un auténtico virtuoso (por suerte para los que amamos la malicia no fue virtuoso en ningún otro aspecto). Su arte principal consistió en atraer la atención de sus contemporáneos, suscitar interés y expectación, hacerse imprescindible divirtiendo para educarlos mejor. Para ello utilizó magistralmente los géneros tradicionales (la tragedia, el poema didáctico y el satírico, el cuento con moraleja filosófica, la correspondencia), pero también inventó otros: la divulgación científica, el periodismo de opinión, el panfleto de agitación cultural... Por algo D'Alembert le llamaba *«monsieur le Multiforme».* Pero sobre todo le ayudó su afición a teatralizar la vida y convertirla en una hábil representación de indignaciones o fervores (...).

Tanta espectacularidad didáctica despierta a veces la impaciencia incluso en sus amigos: La Harpe comenta que «no le basta con ser el héroe del siglo, quiere también convertirse en la noticia del día». ¿Vanidad y egocentrismo? Sin duda: ya hemos dicho que no fue virtuoso. Pero también un afán de *eficacia.* Voltaire comprendió en seguida que la opinión pública era la nueva fuente de poder de su época, la fuente de poder de quien no tiene otra: ni genealogía, ni armas, ni una Iglesia que le respalde con su autoridad inquisitorial. Por eso se convirtió en hombre-anuncio de las causas que consideraba útiles, como la razón, la tolerancia y la libertad. Y las vigorizó todas: ¡para triunfar, ponga a Voltaire de su lado! Fue sin duda algún nostálgico de su energía movilizadora quien exhibió en la primera manifestación en Londres a favor de Salman Rushdie una pancarta que ponía: «Avisad a Voltaire.»

Los miserabilistas del genio literario, quienes sostienen que todo escritor auténtico debe vivir pobre y menospreciado, padecer todo tipo de insidias y finalmente morir incomprendido, tendrán que buscarse otro santo patrono. El éxito de Voltaire fue insultante desde su mocedad: le trajo cárceles y exilios, pero también un reconocimiento personal como pocos autores han alcanzado durante su vida. ¿Pobreza? Siempre se las arregló para tener ingresos saneados y finalmente consiguió una de las fortunas mayores de Europa, dos castillos, teatro privado y todo lo que puede despertar la envidia ajena disfrazada de reprobación. ¿Insidias? Padeció muchas, pero no tantas como las que él organizó contra sus adversarios; además, éstos se empeñaban en refutar los pequeños panfletos volterianos que todo el mundo conocía por medio de gruesos volúmenes que nadie se molestaba en leer. ¿Incomprensión? No sólo le comprendieron, sino que todo su siglo fue comprendido a través de él.

Literalmente fue *idolatrado:* las exposiciones de París y Ginebra muestran los retratos de todos los tamaños, bustos, figurillas que le representan sentado a su mesa de trabajo, medallones, monedas, relojes con su rostro en la tapa, etc... Todo el mundo en Europa quería tener algún *souvenir* volteriano. En torno a Voltaire se montó el primer *merchandising* cultural de la modernidad. ¡Otro agravio más para quienes hubieran estado dispuestos a compadecerle en su fracaso pero se sienten ofendidos por la gloria mundana que consiguió! Seguro que a Voltaire no le hubiera hecho demasiada mella esta desaprobación hostil, él, que cierto día escribió a madame de Chátelet: «La mayor venganza que podemos tomarnos contra la gente que nos odia es ser felices.» Y así le caracterizó Roland Barthes, como «el último de los escritores felices». Después vinieron los desasosiegos románticos y la agonía nihilista contemporánea.

Libre mente, págs. 201-204

Edgar Allan Poe: desde las sombras

Escritor norteamericano de influencia decisiva en la literatura europea, en Poe se da, además, uno de esos felices malentendidos que hacen que textos de enorme calidad literaria entren en el ámbito de la literatura infantil o juvenil salvando las más rígidas y ridículas censuras. Oponiéndolo a la festiva y vitalista figura de Whitman, Savater nos presenta a un Poe que escribe sus terroríficos relatos desde la soledad y la oscuridad.

* * *

Entre los escritores norteamericanos del siglo pasado, Edgar Allan Poe parece diseñado —gracias sin duda a su carácter, a los hados y a Charles Baudelaire— para encarnar el contrapunto literario y espiritual de Walt Whitman. Todo lo que en este último es entusiasmo, vitalidad, éxtasis tecnológico, populismo, sensualidad optimista, modernidad y democracia, en Poe fue palidez funeraria, sobresalto, hiperestesia mórbida, aristocratismo decadente, clausura, frialdad lógica, odio a la masa y a la técnica. Whitman parece querer cantar cada rincón de su país: leerle es desembarcar poéticamente en el más nuevo de los continentes. Por el contrario, los Estados Unidos están completamente ausentes de la obra de Poe... lo cual no impide que sea un escritor tan indeleblemente norteamericano como su hermano inverso. Whitman defendió el progreso a su modo tumultuoso y astutamente sentimental; Poe lo combatió desde un conservadurismo estético y angustiado en sus relatos, aunque sus ensayos de crítica literaria aboguen mucho más por los estilos con futuro de lo que celebran el pasado. A través de Francia, Poe fue el primer escritor norteamericano que influyó decisivamente en Europa; más tarde, a partir de los modelos simbolistas que adoptó el modernismo hispanoamericano, su magisterio retornó a América para mezclarse en Rubén Darío y otros con la voz de Whitman. Y es que el talante antitético de ambos poetas se reconcilia en nosotros, sus lectores. ¿Quién es más cosmopolita? Roger C. Lewis narró cuentos de Poe a los aldeanos chinos que en las sombras del crepúsculo se sientan junto al camino para intercambiar historias y siempre fue acogido con satisfacción aprobatoria; pero cuando les describió los rascacielos de Nueva York fue tildado entre sonrisas de admirable embustero. Quizá ello demuestra que los espíritus se sobrecogen por estímulos unánimes, mientras que la admiración recela ante productos demasiado peculiares, con su propia fecha de inauguración y de caducidad.

[…]

Además de haberse beneficiado de apóstoles tan ilustres y persuasivos como esos grandes poetas franceses, Edgar Poe tuvo también a su favor un curioso, pero no infrecuente, malentendido nacido de la peor de todas las obnubilaciones del juicio estético: la gazmoñería. Según el criterio gazmoño, las obras de arte auténticamente excelsas han de ser transparentes, como mañanas de primavera, sexualmente limpias (es decir, limpias de sexualidad), moralmente tónicas al mostrar el mal vencido y el bien triunfante, e incluso un poquito cómicas, pues este toque las hace más gratas para todos los públicos. La aplicación de esta suma de prejuicios y respingos ha dañado momentáneamente la difusión de algunas piezas artísticas de mérito; pero también ha servido para que los lectores infantiles durante generaciones hayan tenido temprano acceso a algunas de las narraciones más perturbadoras, ambiguas y subversivas de la historia de la literatura, tales como *Los viajes de Gulliver,* de Swift; *Moby Dick,* de Melville; *Huckleberry Finn,* de Mark Twain, o *Alicia en el país de las maravillas,* de Carroll. Y ello con la satisfactoria aprobación de los puritanos, tranquilizados por la ausencia de escenas eróticas explícitas en relatos que entretienen a los pequeñuelos hablándoles tan sólo de la agobiante estupidez y maldad de la especie humana o del escalofrío insondable de la lucha del hombre contra lo ineluctable de su destino. Uno de estos abogados del sosiego puritano escribía en 1856 la siguiente recomendación de los cuentos de Poe a sus lectores de *La Asamblea Nacional,* una publicación francesa familiar: «¡Qué seguridad dan estas honradas historias de Mr. Poe a las madres de familia, que se quejan con razón de no poder permitir a sus hijas la lectura de nuestros narradores!» Esas «honradas historias» incluyen algunos de los argumentos más escalofriantes e inolvidablemente *malsanos* creados por la imaginación moderna. Relatos de necrofilia y de locura, de impotencia y de obsesiones criminales, donde la naturaleza viene ejemplarmente representada por la peste y el remolino destructor, pero ciertamente ninguna mujer se baja en público las bragas. Así se consagra el destino de Poe como conservador *alucinado,* como reaccionario por espanto, que un siglo más tarde compartirá otro de sus herederos literarios, H. P. Lovecraft. Y gracias a este malentendido puritano algunos niños nos hemos iniciado a la literatura con el sobresalto indeleble de «El corazón delator» o «El barril de amontillado» en lugar de con alguna insulsa historieta pornográfica.

Libre mente, págs. 208-214

Jonathan Swift: la otra cara de Gulliver

El de Swift es otro de esos casos en los que obras de carácter extremadamente crítico frente a lo establecido entran en la literatura infantil, acaso por ignorancia o para mitigar su influjo. Savater repasa aquí las virtudes literarias que el afilado ingenio de Swift desarrolla en Los viajes de Gulliver, *mostrándonos esa otra cara que tradicionalmente ha quedado relegada al secreto.*

* * *

De todos los escritores cuyas obras destinadas a conmover o aleccionar a intelectos maduros fueron confinadas en el limbo venial de la literatura infantil, quizá el caso de Jonathan Swift sea el más patético. Pase que se considere una novela de aventuras *Moby Dick,* porque en buena y grata medida lo es, también puede aceptarse que los calculadísimos absurdos de Lewis Carroll sigan en manos de los niños, porque tal fue el disfraz que eligió voluntariamente él para dar curso a su peligroso humor. ¡Pero Swift! ¡Pero ese Gulliver que se mueve a través de una evidente alegoría, cuyas aventuras no tienen ninguna vocación de recreo narrativo, sino que son la más despiadada sátira que de todo se burla: de la política exterior de Francia e Inglaterra, de la avaricia, de la pedantería, de la ciencia, de la ignorancia, del deseo de prolongar indefinidamente una vida insoportable, del bienestar estúpido que prometen los políticos, de la incapacidad de amar y de la imposibilidad de renunciar a fingir amor...! Pocos autores han contemplado lo que son los hombres y lo que han hecho del mundo con menos simpatía, con un desprecio más cerebral, con una cólera en la que brillan menos atisbos de piedad. ¡Dios mío, si lo que aprende Gulliver en su periplo son todas las verdades que se supone que los niños no deben saber, ni siquiera llegar a sospechar! No es que Gulliver sea poco educativo: por el contrario, enseña tanto que aniquila toda posibilidad de pedagogía, pues ésta se apoya en una dosificación más o menos infundada del optimismo. Gulliver no prepara para el mundo y la vida, sino *contra* el mundo y la vida. En vez de disponer a una carrera productiva, la fundación de una familia o la abnegada militancia en un partido político, leer ese bello cuento de viajes precipita en la Trapa o aconseja el pistoletazo en la sien. Se me dirá que precisamente se encerraron esas páginas terribles en el *Kindergarten* para neutralizarlas, para diluir su veneno demasiado obvio en la puerilidad en la que todo está permitido porque nada importa. Así debe ser, pero se trata de un juego peligroso y chocante. Como si ese otro panfleto aniquilador de Swift, su *Modesta proposición para evitar que los hijos de los pobres de Irlanda sean una carga para sus padres y su país y para hacerlos útiles al público,* en la que propone vender a los niños como carne de lujo, ya que gorditos y con no más de un año son un plato exquisito, como si este otro panfleto, digo, se catalogase en las bibliotecas en la sección de gastronomía, junto a Apicio y a la *Fisiología del gusto*...

[...]

Decepcionado de la lucha política, en la que respaldó con fervor la causa de su Irlanda pobre y sometida; enemistado por su carácter cada vez más áspero con todos sus amigos; desgarrado por esos amores —Stella, Vanessa...— en los que puso toda la pasión compatible con el horror físico al acto de la carne, el vivísimo ingenio de Swift se fue hundiendo poco a poco en una demencia apática. En una de las piezas más hermosas del teatro contemporáneo, *Palabras escritas en el cristal de una ventana,* W. B. Yeats nos devuelve en una escalofriante sesión de espiritismo al Swift atormentado de los últimos años. El espíritu desgarrado cierra la obra con estas palabras: «¡Maldito sea el día en que nací!» Es la voz cavernosa y fúnebre de Gulliver cuando por fin se encontró a salvo en su casa.

La piedad apasionada, págs. 109-112

Kafka: el animal más extraño

Siempre alejado del academicismo ortodoxo, Savater degusta en el relato más célebre de Kafka las excelencias de la mejor literatura fantástica y de terror. Una historia que hace irrumpir en la realidad más cotidiana un hecho inexplicado e inexplicable, absurdo y, por ello, terrible. Una historia que de algún modo simboliza las contradicciones y los horrores del siglo xx.

* * *

Nuestro siglo ha abundado en bestias insólitas, en fabulosas fieras, en mascotas dóciles y emblemáticas, en mutantes provocados por la manipulación genética o la radiación atómica... incluso últimamente se habla de animales dotados de derechos, retoños políticamente correctos de una mutación jurídica. Pero el bicho más extraño de nuestra época fue concebido por Franz Kafka la noche del 17 de noviembre de 1912 y, tras una gestación de tres semanas, nació en su guarida de papel el 7 de diciembre. Se llamó —se llama para siempre— Gregorio Samsa y es una suerte de ciempiés o escarabajo («un insecto monstruoso», informa lacónicamente Kafka) con memoria humana, es decir, con memoria de haber sido humano, de serlo todavía oscura e imposiblemente. Junto a esa memoria comprometedora, todo cuanto la refuerza: sentido del deber, obligaciones familiares, afectos no correspondidos, frustración, culpabilidad. La apariencia bestial suscita en los otros espanto, asco, rechazo y descarta la camaradería comprensiva que la memoria, abierta como una llaga, insiste mansamente en reclamar. Gregorio Samsa es el animal más extraño del siglo, pero también el que mejor lo caracteriza: engendrado por la coyunda entre el miedo y el agobio, se alimenta de soledad.

La metamorfosis es uno de los escasos textos que Kafka consintió en publicar durante su vida. Quienes ahora lo leemos encuadrado en el resto de su obra póstumamente editada, el testamento literario más generoso y necesario que nos ha sido concedido, quizá difuminamos un poco por tan ilustre contagio la energía única y completa de este relato. Tantas interpretaciones lo sobrecargan con símbolos y alegorías prestigiosas que es difícil acercarse a él con la disponibilidad intacta capaz de suscitar auténtica fascinación, como si nada supiésemos aún de su autor ni del resto de su bibliografía. Yo tuve la suerte de leer por vez primera *La metamorfosis* precisamente así, antes de haber oído mencionar el nombre de Kafka y además ignorando que se trataba de un texto *culto:* lo descubrí a los catorce o quince años en una antología de cuentos de terror a los que siempre he sido aficionado, flanqueado por *El horror de Dunwich* de H. P. Lovecraft (que también me fue presentado en esa eximia ocasión) y por relatos de Poe, Blackwood, M. R. James y otros muchos nombres menores o no tan menores. De modo que no me acerqué a él intimidado por el resplandor algo fastidioso de la gran literatura —que nos asusta, ante todo, por miedo a aburrirnos con lo que hace a los profesores poner los ojos en blanco—, sino con la avidez de placenteros escalofríos con la que hoy un adolescente se dirige hacia la última novela de Stephen King. Y desde luego no quedé decepcionado. No lo leí como un relato culto, sino como un cuento oculto que para mí se convirtió en objeto de culto...

Supongo que algún pedante gruñirá «¡blasfemia!» al ver *La metamorfosis* clasificada en el género (o *subgénero,* precisará el auténtico pedante) terrorífico. ¿Me aceptará por lo menos que pertenece al género fantástico? Porque es una de las mejores narraciones fantásticas que nunca se han escrito. Como las demás cumbres literarias de ese campo, combina sabiamente lo que rompe las pautas de la realidad con lo que confirma minuciosamente la rutina cotidiana. Hay dos modos principales de componer historias fantásticas: uno de ellos, el de Tolkien en *El señor de los anillos,* presenta un mundo copiosamente mágico por el que transcurren unos protagonistas banales como *boy-scouts;* el otro es el de *La metamorfosis* kafkiana, donde un solo suceso inverosímil se estrella contra la realidad y denuncia o compromete su lógica toda. La maestría del primer modo estremece al lector confrontando su cordura con lo maravilloso o la pesadilla, mientras que en el segundo se le obliga a identificarse con lo que es asombro y amenaza para la conspiración de los normales.

[…]

Cierto día Kafka anotó: «Nada hay más triste que enviar una carta a una dirección insegura, no es una carta, es más bien un suspiro.» Toda su obra puede ser vista como una misiva que padece esa misma incertidumbre y en ello reside, para quienes por azar la hemos recibido, su fatalidad y su conmovedora grandeza.

Despierta y lee, págs. 314-316

Schopenhauer: el pesimismo optimista

A las virtudes que Schopenhauer ofrece como pensador, se une la fortuna de carecer de seguidores, la de no ser casi tenido en cuenta por la filosofía oficial, así como ignorado por los políticos, lo cual le hace difícilmente identificable con etiqueta alguna que reduzca la riqueza de su obra a unos pocos tópicos con pretensión de resumirla; y todo ello debido probablemente al carácter de su pensamiento, pesimista en el sentido de que la acción humana en nada puede modificar el mundo, optimista en el de que, en último extremo, tal vez sea mejor así.

* * *

Felicitación a Schopenhauer en su doscientos aniversario

QUERIDO Y ADMIRADO DOCTOR:

Permítame expresarle en estas líneas mi más sincera y respetuosa felicitación al cumplirse los dos siglos de su entrada en este mundo de representación y voluntad que nos ha tocado padecer. Por supuesto no cometeré el imperdonable *gaffe* de centrar mi felicitación en el acontecimiento mismo de su llegada al mundo, pues nada hay de jubiloso en ese aciago comienzo de una larga serie de dolores, jadeos, frustraciones y hastío. Tampoco me atreveré a desearle ese bálsamo improbable, «felicidad», pues en usted aprendí que ni hay ni puede haber tal cosa; además, desde el 21 de septiembre de 1860, usted permanece en un estado si no «feliz», sería absurdo, al menos libre de la desazón y el insaciable anhelo, allá en el cementerio de Frankfurt. De modo que a fin de cuentas mi felicitación se dirige a usted, pero en realidad recae sobre mí: me felicito porque haya habido un Schopenhauer entre tantos nacidos y muertos superfluos, entre tanta grey insignificante o detestable, y me alegro de que lo haya aún *para mí,* doscientos años después del día de su nacimiento y ciento veintiocho después del de su muerte. No le felicito a usted, sino que me felicito *por* usted, estimado doctor.

Intentaré responder inmediatamente a la primera y más obvia de sus preguntas. Desde luego me limito a prever su interrogación, sin que usted haya tenido ocasión de hacérmela explícitamente: el espiritismo, en cuyo estudio puso usted tanto celo y confianza, ha sido sorprendentemente una de las ciencias que menos han avanzado en estos años. El único modo de comunicarnos provechosamente con los muertos ilustres sigue siendo el coloquio de los ojos lectores, según comprendieron ya en su día el apasionado Maquiavelo y el orgulloso Quevedo. Digo, pues, que responderé primero a la pregunta por la gloria y renombre de su obra, la más urgente de las que sin duda me plantearía a juzgar por su insistencia en el tema a todo lo largo de sus escritos. Por el momento, la cosa no marcha del todo mal, tranquilícese. Sin duda ciento veintiocho años de fama (pongamos ciento cuarenta, redondeados con los que usted llegó a conocer en vida) no son demasiados si se los compara con los que usted se prometió a sí mismo, de acuerdo con el cálculo de que a cada genio ignorado le corresponderán al menos tantos años de gloria como monta el cubo de aquellos en que su obra fue lerdamente ignorada. Como durante treinta años su pensamiento careció de público reconocimiento, usted llegó a convencerse de que su deuda en prestigio asciende a veintisiete mil años. Lo único que puedo asegurarle es que por el momento la deuda se va saldando, aunque la impresión general es que el planeta y sus habitantes no tienen por delante los años suficientes como para hacerle justicia. Somos ahora bastante más pesimistas respecto a la supervivencia del mundo de lo que usted fue respecto a su nombradía, pero quizá resulte nuestro cómputo el equivocado, no el suyo. Por lo que a mí respecta, ojalá sea usted el que acierte.

Un aspecto que le sorprenderá saber es que la perduración de su prestigio, incluso acrecentado, coexiste con el también acrisolado renombre de algunos de sus principales rivales filosóficos. Usted profetizó certeramente que, unos cuantos años después de su muerte, todo aquel que desconociera su nombre y las líneas maestras de su pensamiento sería tenido por un *ignorabimus;* pero se equivocó al suponer que la felonía intelectual de Fichte, Schelling y Hegel («esa criatura ministerial», como usted con certero arte de injuria le llamó) sería entonces definitiva y contundentemente desvelada. No hubo tal: en el panteón de los ilustres, su imperecedero monumento se codea con el de sus más detestados contemporáneos y hasta, suprema ofensa, algunos encuentran entre sus obras y la suya más o menos deliberadas influencias. No sólo no ha logrado el reconocimiento tardío de su mérito desplazarlos a ellos de lugares de honor en la historia de la filosofía, sino que muchos admiradores entusiastas de *El mundo como voluntad y representación* no estiman menos *La fenomenología del Espíritu* o el *Ensayo sobre la libertad humana.* Lo que en su día fue querella irreductible resulta ahora complementariedad inevitable o hasta predestinada complicidad. En la conciencia aglutinante de las generaciones venideras, los pensamientos más perfilados de los sabios en liza se entremezclan, amalgaman y confunden como los huesos semejantes de los muertos en la confusión perpetua de la fosa común.

Una ventaja, empero, ha tenido la memoria de su obra por encima de la de otros: se lo digo para que se alegre. En el campo de la filosofía, usted sólo ha tenido unos cuantos discípulos imperceptibles y uno tan grande que apenas nadie recuerda o concede importancia a la filiación que los une. Espléndido aislamiento de su obra, querido doctor, que lo emparienta una vez más a esos ingleses a los que usted tanto admiraba. Bien se ha dicho que la principal misión de los seguidores es agigantar y subrayar los defectos del maestro. Nada ha contribuido más a hacernos concebir serias reservas y hasta intuitiva aversión contra la doctrina de Hegel que los hegelianos, neohegelianos y poshegelianos que en el mundo han sido. Como usted no ignoró, lo mismo ocurre con las bien conocidas enseñanzas de Cristo, o con las de un tal Marx, a quien no es probable que usted conociera. Para bien de su gloria, no ha habido filósofos neo o poschopenhauerianos: Nietzsche es un pez demasiado grande para dejarse atrapar en la red de cualquier *ismo*. Los académicos, por su parte, le han devuelto con creces la animadversión que usted les profesó y que dejó no sólo truculentamente adjetivada, sino muy bien razonada también. ¿Qué van a hacer los profesores con un pensamiento que entristece y no edifica, con un asceta sin contemplaciones con los usos sociales del renunciamiento, con un ilustrado convencido de que en la historia no hay otro lema que *eadem sed aliter* ni otro progreso que el de la consentida alucinación humana sobre su condición y su destino? Ni los pensadores ilustres se han reclamado de su posteridad, ni los profesores de filosofía le han tratado más que a pie de página, como la curiosidad que no entra en el examen final de la insulsa asignatura que administran. Tranquilícese, doctor: está usted todo lo intacto que es posible estar sin haber caído en el completo olvido, que es la pureza inatacable y definitiva.

Su progenie, doctor, no puede ser buscada entre los profesionales de la filosofía —valga la contradicción—, sino entre los artistas: los verdaderos usufructuarios de su doctrina han sido músicos (sobre todo Wagner, al que sin embargo usted no logró apreciar como compositor y apenas como poeta), pintores, críticos de arte, poetas, y enfermos *exquisitos,* esa raza de creadores sin otro medio de expresión que la dolorosa y gradual supresión de su vida... Tres de los más grandes novelistas de este siglo —Joseph Conrad, Thomas Mann y Thomas Bernhard— y el más célebre *homme de lettres* —Jorge Luis Borges— le han sido particular y explícitamente devotos. En el regimiento de los científicos su ventura tampoco ha sido desdeñable: el más célebre de los psicólogos contemporáneos —Sigmund Freud—, varios biólogos de talento y algún sociobiólogo actual más culto que sus colegas le han reconocido a justo título como precursor. Los políticos no le han sido en cambio demasiado afectos, por la obvia razón de que su trabajo consiste en exudar *optimismo* («ese vicio de personas bajas cuando ocupan puestos altos», según discreta definición de Scott Fitzgerald). Cuando un progresista quiere afiliarle póstumamente a sus filas tropieza con su monarquismo, su antipopulismo, su defensa de la pena de muerte, su condena de todo movimiento revolucionario, los gemelos de teatro legendarios prestados al oficial que iba a disparar contra las barricadas de los sublevados, su desconfianza definitiva de que la historia pueda sernos de algún modo *favorable;* si son los reaccionarios quienes le reclaman, tendrán que vérselas con su absoluta denigración de la guerra y las virtudes heroicas a ella anejas, su desdén explícito por los mayores conquistadores y líderes, sus burlas del honor y del nacionalismo («todas las naciones hablan mal de las otras y todas tienen razón»), sus ataques a la Iglesia, al puritanismo, a los universitarios bienpensantes, a los *entusiastas* de cualquier calaña y a los inquisidores que defienden cualquier destino... Con el hombre de la calle (y no digamos con la mujer de la calle, sobre todo si es una feminista, es decir: una mujer de la calle de la amargura) tampoco sería prudente contar: el más bien apócrifo chiste sobre los cabellos largos y las ideas cortas de las hembras condensa y solventa su ignorancia.

Permanece usted *intratable,* doctor: célebre y secreto, popular y malentendido, prestigioso y rechazado. No es un miembro de la digna tradición de los sabios venerables, sino un *caso,* propicio a la secta, al susurro, a la beatificación y a la maledicencia sin fundamento, a la marginación envuelta en el consagrador neón de las enciclopedias. «Bueno, me las he apañado bien», escribió usted como resumen pocos días antes de morir. Optimista hasta el fin, mi querido doctor *ex pesimismus...* Sólo por ello, aunque otros motivos no faltan, ya estaría justificado felicitarle. Que sea por muchos años.

Sin contemplaciones, págs. 211-216

Nietzsche: solitario y blasfemo

Leemos a Nietzsche porque nos indigna.
F. Savater

La soledad de Nietzsche no tiene que ver con cuestiones biográficas o psicológicas sino con la propia naturaleza de su pensamiento. Se trata de la soledad del pensador que se empeña en decir lo que nadie desea escuchar, el que desmonta todas las creencias, todas esas supersticiones y formas de la fe que no han desaparecido por el mero hecho de que ya no se crea en Dios. Por eso, habla Savater de un Nietzsche blasfemo, porque ataca todo lo que es aceptado, lo que no nos atrevemos a cuestionar.

* * *

La soledad de Nietzsche era necesaria e inevitable, en vista de sus teorías; lo sigue siendo hoy tanto como entonces, pese al culto en torno a su nombre. Como los presocráticos, como el zen, como Sade, nos interesamos por ellas, en esta segunda mitad del siglo XX porque nos son *literalmente indigeribles,* porque, en medio de la universal trituración de la maquinaria cultural, nadie logra masticar ese bocado. No debe pensarse que todos ellos eran «avanzadas» respecto a su tiempo y que por fin hoy podemos entenderlos; esto es trivial. Ningún *progreso,* ni cultural ni de ninguna otra clase, avanza en el sentido que ellos preconizaron; las cosas futuras que adivinaron, los rasgos de nuestra cotidianidad que presintieron nos dan la medida, al considerar su postura respecto a ellas, de la infranqueable distancia que nos separa. Eran malditos y bien malditos: no se ha inventado la sociedad capaz de tolerarlos o aprobarlos. Aún no funciona la plena sociedad atea, ni siquiera podemos imaginarla, como Sade o Nietzsche lograron. Sus obras nos desconciertan, sus gestos nos irritan; el único «avance» que nos los aproxima es el de la miseria de una cultura estereotipada, de máximas y consignas, cuyos representantes más lúcidos o más fatigados han aprendido a amar todo lo que les desmiente y les condena.

[...]

La obra de Nietzsche no admite una lectura inapelable, es decir, metafísica, como la que quiso Heidegger o Luckács. No podemos plantear la lectura esencial de Nietzsche desde sí mismo, *sino desde nosotros*. En nuestros días, Nietzsche aparece entre nosotros como un catalizador de las perplejidades que nos obsesionan; con fascinación equívoca nos atrae y nos repele, nos abisma y nos exalta; nos aterra, nos indigna, pero siempre nos interesa. Quien tiene su opción hecha y su camino trazado ve en él la sirena que, *con su propia voz,* le seduce a desertar; quien vacila o busca, se lo encuentra en actitud retadora y solitaria en todas las encrucijadas; tanto el nacionalista como el irracionalista se sienten atraídos por su mezcla tan envidiablemente *lograda,* de lucidez y demencia.

Hay muchas lecturas de su obra que nuestra condición histórica descarta: no nos sirve como reformador político, ni como sacerdote de otro culto, ni como audaz instaurador de una nueva metafísica. Todas éstas son lecturas positivas, tranquilizadoras a su modo y ya no es tiempo de nada de esto; hoy se busca la serenidad en las píldoras o en los espectáculos, no en el pensamiento; quien sueñe todavía con «la consolación de la filosofía», con la sabiduría que aparta de las dolorosas conmociones de la vida, es un filisteo o un anglosajón, no entiende o no quiere entender nada, agoniza, murió antes de ayer. Lo que Nietzsche nos brinda, con un talento y una fuerza incomparables, es su *provocación.* Para nosotros, lo esencial de Nietzsche es la *blasfemia.*

Blasfemia, pero no como simple injuria contra Dios o la corte celestial; también hay algo de eso, pero apenas nos interesa.

Lo importante es que blasfema contra nosotros, contra ese humanista ilustrado, laico o incrédulo, por lo menos liberal, como mucho izquierdista, vagamente partidario del progreso y de las luces, higiénico, cariñoso para con sus semejantes, heroicamente vacilante en su lucha contra el fascismo y la desmesura política, idealista a sus horas, materialista en lo científico, inconforme repantigado, creyente —escépticamente, no faltaba más— en los derechos humanos, y en la igualdad de los sexos (al menos, en lo tocante a la remuneración del trabajo), romántico, asustado, drogado, débil, rencoroso, desconsolado por la pérdida de todo lo que fue bueno, bello, justo y legítimo, artista frustrado, espectador desahuciado..., ese humanista que compra libros y que nunca se cansará de comprarlos, que como tú o yo, lector, no encuentra salida a lo de la «muerte» incurable de Dios. Nietzsche blasfema contra nosotros, como blasfemó sin cesar contra él mismo, que tantas cosas compartía con nosotros. Su reto nos llega a lo más profundo, nos hiere en lo más vivo: sus insultos y sus desprecios nos aciertan *siempre*. Tal clarividencia sería inexplicable si él no hubiese encontrado *en sí mismo* un ejemplar modélico de lo que detestaba; por algo Freud se refería a él como «el hombre que mejor se ha conocido a sí mismo de todos los que en el mundo han sido».

La blasfemia es esa palabra que, *forzosamente,* hemos excluido de nuestro discurso, sea éste cual sea; la prohibición de pensar o de decir ciertas cosas es lo que nos permite pensar o hablar. Pero la tentación de esa palabra (...) subyace en todo lo dicho, lo posibilita y lo amenaza juntamente. (...)

Aceptamos con relativa serenidad que se hable de «muerte de Dios», dado que esas palabras no significan gran cosa; pero nos sentimos zarandeados hasta las entretelas cuando Nietzsche blasfema contra las formas de fe en Dios que seguimos profesando, que no logramos dejar de profesar: la identidad personal, la razón científica, las lecciones y el sentido de la historia, las categorías gramaticales, la compasión, la autoinmolación, los derechos del hombre, el democratismo humanista ¡Qué profundamente *cristiana* es nuestra sociedad cuando Nietzsche agita contra ella el tirso del paganismo! ¡Qué cristiano debió verse Nietzsche a sí mismo cuando se miró en el espejo de Dionisos! ¡Qué ingenuo es ese ateísmo que cree poder prescindir de Dios como de una *creencia,* manteniendo intactas la gramática y los justicieros ideales éticos! Nadie amenaza tanto como Nietzsche la satisfactoria imagen que cultiva de sí misma la sociedad «laica y materialista».

Así hablaba Nietzsche, prólogo, págs. 16-20

Cioran: un exquisito de la amargura

Especialista de la distancia corta, del aforismo y la fórmula breve, Cioran era prácticamente un desconocido en España hasta que Savater lo dio a conocer. Un pensador como él, pesimista con humor, dotado de una fina ironía que suaviza la posible gravedad de sus asertos, alejado de las exigencias académicas y de las modas filosóficas, no podía dejar de convertirse en una debilidad para Savater.

* * *

Soy uno de los últimos ejemplares vivos de un malentendido en extinción: para mí, la palabra cultura es un bendito galicismo y el río Sena lleva un fluido mágico que hace pensar y escribir bien a los hombres, sobre todo a los de su orilla izquierda... El caso es que cierto jueves (puede que fuese un viernes, porque no estoy seguro del día de la semana en que aparecía el suplemento literario) leí un titular insoslayable: *¿Acaso Cioran es el diablo?* El artículo lo firmaba el filósofo cristiano-existencialista Gabriel Marcel y venía motivado por la aparición de *El aciago demiurgo,* última obra de un para mí plenamente desconocido E. M. Cioran. De su lectura saqué en conclusión que Cioran no debía de ser precisamente diabólico, pero que en cambio Gabriel Marcel era un santo, el pobre.

Fundido en negro. Secuencia número dos. Una tarde, no mucho después de aquel jueves (¡o viernes!) me encontraba en la casi recién inaugurada librería Miessner, sita en la madrileña calle de Ortega y Gasset, provista con irregularidad pero abundancia de novedades editoriales francesas. Por aquel entonces las autoridades habían tenido a bien privarme de pasaporte, por lo que la sección francófona de Miessner era la única librería del Barrio Latino que me resultaba accesible. Tomándome mi tiempo para leer solapas y hojear, rebuscaba en los estantes. De pronto tropecé con la rugosa cubierta gris de un volumen de la colección de ensayo de Gallimard, titulado *Le mauvais demiurgue.* ¡Vaya, pero si era el libro escrito por el candidato a diablo según Marcel! Cualquiera capaz de parecerle Satanás a un cristiano de París se ganaba por aquellos años mi atención, aunque fuese con reservas. De modo que compré el libro y así pude leer por primera vez a Cioran.

Fue el flechazo del amor a primera página. Encontré a un gnóstico contemporáneo, el archimandrita desesperado e irónico de la inviabilidad de nuestra existencia, nostálgico del decadentismo pagano, debelador de las legitimaciones que apuntalan la buena conciencia metafísica, obsesionado por la *pirueta* definitiva del suicidio, pero estilísticamente todo vivacidad, la negación misma de lo mortecino: deambulando desde los rigores trascendentales a la susceptibilidad más irritable de lo intrascendente cotidiano. Truculento y sagaz, irreconciliable caprichoso, contundente, lo menos parecido que pueda imaginarse a la filosofía que se empeñaban en asestarme en la facultad a la que por mis pecados asistía cada mañana. Me enamoré de él, ya digo, decidí que tenía que conseguir cuanto antes todos sus restantes libros, empecé a *cioranizar* en mis ratos libres de palabra y por escrito, lo elegí ya no como maestro ni siquiera sólo como modelo, sino más bien como mi *daimon,* como mi demonio interior... no en el sentido cristiano de Gabriel Marcel, claro está, sino en el socrático. La voz que pone el implacable *no* en la boca y sobre todo en el alma cuando la tentación de asentir y de aceptar se nos hace demasiado fuerte. ¿He mencionado antes que yo tenía por entonces muy poco más de veinte años?

[...]

Logré que aparecieran en castellano y en una editorial de primera fila varias obras de mi mentor. Al descubrirle, me descubrí. Como por aquel entonces solía imitarle sin rebozo en mis propios escritos, los peor intencionados rugieron: «¡Ah, de modo que de ahí lo has sacado todo!» Otros, un poco más rebuscados o con más sentido del humor, lanzaron la especie (muy halagadora para mí) de que Cioran no existía y que se trataba ni más ni menos que de un heterónimo que yo me había inventado, en la traza ilustre de Kierkegaard, Pessoa o Antonio Machado. ¡Qué más hubiese querido yo! Le escribí: «Cioran, por aquí dicen que usted no existe.» Me repuso a vuelta de correo: «¡Por favor, no les desmienta!» Pero, siempre comprensivo, accedió a escribir la carta-prefacio que encabezó mi tesis para disipar unas dudas que podían hacer peligrar la viabilidad del trabajo académico que le estaba dedicando.

[...]

¿Cómo cumplir el rito y desmentirlo juntamente?, ¿cómo hacerles una reverencia y a la vez sacarles la lengua? El mejor medio era dedicar la tesis al estudio de Cioran: no se trataba de un filósofo serio, no le gustaba ni a los marxistas, ni a los analíticos, ni a los tomistas, ni a ninguna de las otras sectas vigentes, casi nadie había escrito antes sobre él (¡lo cual resolvía el tedioso problema de la bibliografía!) y además se le podía despachar en poco más de un centenar de páginas porque era ridículo dedicar tres mil a comentar a un escritor de aforismos, cuyos modelos lacónicos eran el juramento y el epitafio... Puse manos a la obra y del modo más impertinente de que fui capaz. En seguida comenzaron las dificultades, aun antes de que el tribunal conociera el texto de mi soflama: ¡alguien había filtrado que Cioran era un invento mío para ridiculizar a la sacrosanta institución! Entonces le solicité la carta-prólogo, a modo de certificado de existencia. De las mil incidencias posteriores de la tesis, que tardó meses y meses en leerse, con episodios grotescos y macabros, puro franquismo filosófico...; de eso ya hablaremos en otra ocasión.

Después de pronunciar cualquier certera enormidad contra el universo, Cioran entrecerraba los ojos vivaces y lanzaba una carcajada breve, afónica y triunfal. A la vez celebraba así la diana y le quitaba importancia a su sentencia. Digamos lo que digamos, todo va a seguir igual. Nadie fue menos lúgubre, nadie se rodeó de menos prosopopeya, nadie formuló diagnósticos más aterradores con un aire menos intimidatorio. ¿Podemos imaginar *amable* al ángel exterminador? Cioran lo era y, tal como cuentan los teólogos de los otros ángeles, su individualidad agotó la especie a la que pertenecía. No se le puede encasillar en ningún movimiento literario o filosófico, en ninguna escuela ni en ninguna moda. Es imposible imaginarle hablando de la *deconstrucción,* el *neobarroco,* la *posmodernidad* o el *retorno del sujeto.* Sólo le preocupaban los temas que podemos compartir con Montaigne o con Buda.

¿Por qué escribía? Quizá por ansia de componer «un libro ligero e irrespirable, que llegase al límite de todo y no se dirigiera a nadie». Insistió una y otra vez en las mismas cuestiones, hurgando de mil maneras en la estremecedora fragilidad de lo que somos y en el inabarcable delirio de lo que apetecemos, rezongando irónicamente contra su propio empeño, pero sin cansarse nunca de él ni aburrirnos con él. Hay que ser un estilista del mayor calibre para lograr tal proeza «pues no hay progreso en la idea de la vanidad de todo, ni desenlace; y, por más lejos que nos arriesguemos en tal meditación, nuestro conocimiento no crece en modo alguno: es en su momento presente tan rico y tan nulo como lo era en un principio. Es un alto en lo incurable, una lepra del espíritu, una revelación por el estupor». Por su dominio de la abreviatura fulgurante en la cual se condensa no ya un tratado —que es poca cosa— sino toda una rama del saber que nadie ha explorado, sólo puede compararse en nuestro siglo con Elías Canetti. Cioran es un escritor literalmente *insustituible:* cuando uno se aficiona a su tono, no consiente reemplazarlo por ningún paliativo. Así logró la estima de algunos adictos no desdeñables (Octavio Paz, Susan Sontag, Paul Celan, Clément Rosset...) y también la reprobación de otros (Eduardo Subirats, Luis Racionero, Javier Sádaba...): la lista de sus cómplices y la de sus adversarios le honran por igual. ¿Tiene su obra alguna moraleja? Evidentemente ninguna y por tanto puedo proponer dos. La primera pertenece al campo ontológico: «Hemos perdido naciendo tanto como perderemos muriendo. Todo.» La segunda es de orden práctico: «Somos y seguiremos siendo esclavos mientras no estemos curados de la manía de esperar.»

Despierta y lee, págs. 217-225

Castoriadis o barbarie

Para Savater, Castoriadis supone la profundización en las claves del pensamiento marxista, la crítica rigurosa de sus insuficiencias o errores, de las perversiones políticas que se reclaman herederas suyas, así como la defensa de su potencia teórica y sus posibilidades revolucionarias. Además, fue una figura muy influyente en la experiencia de mayo del 68, y un pensador que abarcó campos muy diversos (de ahí la comparación con Aristóteles). En él, que supo ver tanto los disparates del capitalismo como los del socialismo soviético, se da el esfuerzo por ofrecer una alternativa racional a la barbarie del siglo pasado.

* * *

El año 1997 se las arregló para darme malas noticias hasta el último minuto: la postrera fue la muerte de Cornelius Castoriadis, filósofo, economista, psicoanalista, uno de los maestros imprescindibles de la segunda mitad de nuestro siglo, a quien el movimiento francés de mayo del 68 debe algunas de sus mejores claves intelectuales y quizá la inspiración de su lema más famoso: la imaginación al poder. Además de formidable cabeza, Castoriadis fue un tipo simpático... al menos para aquellos, como Rafael Sánchez Ferlosio, a quienes caigan simpáticos los aparentemente antipáticos. Su amigo Edgar Morin —uno de los más veteranos, junto a Claude Lefort y Jean-François Lyotard, que fueron compañeros suyos en aquella interesante aventura teórica llamada *Socialismo o barbarie*— le caracterizó una vez como un «Aristóteles acalorado». No lo fue por fidelidad a la ortodoxia aristotélica —Castoriadis no aceptaba ninguna que coartase su libérrimo, orgulloso y exigente pensamiento propio, ni siquiera la de aquel a quien Dante llamó «maestro de todos los que saben»—, sino por lo vasto de su campo teórico y por una pujanza especulativa que demasiadas veces incurría en quisquillosa vehemencia.

También por su condición de ilustre meteco, que compartía con el estagirita. Nacido en Estambul de padres griegos, cumplió su meritaje doctrinal y político en Atenas para luego ejercer su magisterio intelectual en París, en lengua francesa. Fue un verdadero cosmopolita europeo o quizá un *caopolita,* si debemos pensar como él lo hacía que todo cosmos es sólo parcial y que los humanos brotamos del caos. En tal sentido, *cosmopolita* no es quien por pedante ingenuidad seudoilustrada renuncia a cualquier forma de identidad, sino quien concibe ésta como una aventura personal, biográfica, creadora y se niega a dejarla administrar por ninguna burocracia nacionalista.

En esta época en que cierta imbecilidad reinante ha llegado a establecer que sólo las figuras intelectuales de la derecha son complejas e interesantes, es importante señalar que el complejo e interesantísimo Castoriadis siempre se encuadró en el pensamiento de la izquierda. Criticó a Marx a partir de un conocimiento exhaustivo de sus textos, pero sin renunciar nunca del todo a su legado teórico, se opuso desde siempre al autoritarismo colectivista bolchevique o maoísta sin dejar de reclamar la autogestión revolucionaria de la sociedad, reivindicó el mercado, pero *en contra* del capitalismo que según él lo imposibilita, denunció que las hoy llamadas democracias son todo lo más oligarquías liberales donde el espacio público está secuestrado por empresas e intereses particulares nunca transparentes y cultivó un admirable fundamentalismo democrático que rechaza la división del trabajo político entre gobernantes especialistas en mandar y gobernados destinados a obedecer... tras haber elegido a los primeros según menú previamente establecido. A la tramposa opción de hace unos años entre Mrs. Thatcher y el Gulag respondió con un mismo y clarividente reproche, tan válido para los integristas del comunismo como del neoliberalismo: convertir lo económico en factor central (único, a fin de cuentas) de la vida social es incompatible con la libertad.

Cuando mi hijo me informó por teléfono de la muerte de Castoriadis tenía yo delante el Duomo de Milán, esa fantástica orfebrería pétrea que congela en mil símbolos la imaginación de varios siglos. Era algo así como una alegoría monumental de ese concepto central en el pensamiento de Castoriadis, el de imaginación instituyente cuya capacidad creadora regula y transforma las sociedades humanas. Cuando colgué el teléfono, lo primero que me vino a la memoria fue una de las ocasiones en que hice el ridículo ante el gran hombre. Estábamos en el congreso de intelectuales que tuvo lugar en Valencia como conmemoración medio siglo después de aquel otro de intelectuales antifascistas realizado en la España y la Europa convulsa de los treinta. Yo moderaba una mesa en la que debía intervenir Castoriadis y con mi despiste habitual le presenté como promotor de la revista *Socialismo y barbarie*. Su rugido de protesta por esa «y» perversa aún estremece mis culpables pesadillas. Es la misma legítima indignación que sintió siempre cuando ante él se intentó hacer equivalente el proyecto emancipador del socialismo imaginativo cuyo objetivo es radicalizar la autonomía democrática y el despotismo inepto de Lenin, Stalin, Ceaucescu y *tutti quanti.*

De Cornelius Castoriadis, pensador irreductible de la imaginación en marcha, ya no volveremos a saber nada más. Lo único que podemos tener por seguro es que a la puerta de lo oscuro, si se le ha planteado la pregunta ritual de los misterios órficos —«¿quién eres?, ¿de dónde vienes?»—, habrá respondido también ritualmente con pleno merecimiento: «Soy hijo de la Tierra y del Cielo estrellado.»

Despierta y lee, págs. 71-75

Con Borges, sin Borges

La fascinación que ejerce Borges es la del escritor en el más amplio sentido de la palabra, el que se nutre, ante todo, de la lectura para escribir, el que vive la biblioteca como la mayor aventura de la que es capaz. Borges ofrece al apasionado lector que es Savater el disfrute de una escritura en la que la búsqueda de la máxima precisión es una exigencia crucial, en la que apenas hay momentos para la decepción.

* * *

Este mes de junio los lectores cumplimos diez años sin Borges. Me refiero a la ausencia de la persona física: afortunadamente sus libros siguen con nosotros e incluso se han incrementado al rescatarse algunas obras primerizas que arrinconó por un excesivo celo autocrítico. Resulta duro sin embargo para quienes durante años hemos vivido acechándole saber que, salvo el hallazgo ocasional de unas pocas páginas, ya no habrá más Borges: la irrevocable muerte cercenó la posibilidad de un nuevo libro de cuentos o de otros poemas. Solemos resignarnos sin especial esfuerzo a esta mutilación cuando se trata de autores a quienes comenzamos a leer después de su muerte, como un episodio glorioso pero cerrado del acervo literario. Sólo retóricamente deploramos los dramas conjeturales que Shakespeare hubiera podido también escribir o el silencio temprano de Rimbaud. Pero a los escritores que hemos conocido y amado cuando aún creaban nos cuesta imaginarlos como parte de la memoria, no del futuro. Hemos esperado tanto de ellos que nos desespera no poder ya esperar...

De ciertos autores nos gusta tal o cual de sus obras: han acertado a emocionarnos literariamente una, dos o diez veces y no les pedimos más. A veces hasta nos sorprende que hayan sido capaces de escribir algo tan bueno junto a mucho que no nos interesa. En cambio hay otros a los que amamos no por alguno de sus logros, sino por la totalidad de su empeño: nos gusta cómo han escrito cada una de sus páginas, hasta las páginas que menos nos gustan. Cuando desaparecen, es su voz lo que echamos en falta, no sus libros futuros. Sé que la buena novela de mañana renovará el arrobo de la que hoy he concluido con un suspiro satisfecho; pero ninguna voz sustituirá para mí la de Cioran, la de Thomas Bernhard ni la de Borges. Sobre todo la de Borges.

¿Por qué? El amor lo explica todo, pero no sabe explicarse a sí mismo. Aventuraré empero una breve tentativa aclaratoria. En la mejor de las prosas, a veces hasta en la mejor de las poesías, se cuela de vez en cuando algo de inerte. Es la grasa o el serrín de relleno, lo que hace bulto, lo que infla el muñeco y hay que pagar al peso con lo demás, por la misma razón que no podemos exigir a quien nos vende una chuleta o un pescado que renuncie a cobrarnos en la báscula los desperdicios que no queremos y a veces hasta el papel que todo lo envuelve. El propio Borges señaló muy bien que hay pasajes en Proust (digamos que también en Balzac, en Dostoievski o en Pablo Neruda) a los que nos resignamos como a lo insulso y rutinario de cada día, a la espera del momento de éxtasis brioso que lo rescatará. No diré que Borges carece totalmente de esas flojas estaciones, pero considero que su escritura es quizá la menos inerte que conozco, de donde proviene sin duda la necesaria y también mágica concisión de sus textos.

Hay más: el raro encanto de un aventurero que ha explorado las bibliotecas con el ingenuo arrojo y la curtida astucia con la que otros han frecuentado las selvas, los mares, los enredos políticos, las batallas o los lechos del amor. Y que desde los libros, con desesperada nostalgia y lucidez, habla de mares y selvas, de la muerte en la guerra y de la agonía enamorada. Pocos escritores exigen tanta complicidad en el lector como Borges: ninguno le recompensa mejor cuando se la concede.

Despierta y lee, págs. 214-216

Nabokov o el destierro como estilo

Nabokov representa en literatura la pasión por la libertad. Su exilio personal está presente también en su escritura, que adopta el inglés como lenguaje desde el que aprovecharse de los distintos idiomas con la libertad de quien no pertenece ya a ningún sitio, a ninguna lengua. Así, Nabokov permite un curioso deleite al lector que sabe apreciar la sensación de permanente extranjería de sus textos, la total ausencia de pretensión moralizadora, la sana distancia que dan el exilio y el humor.

* * *

Los múltiples exilios de Vladimir Nabokov remiten metonímicamente a su verdadero destierro, a su desplazamiento esencial: el que le aleja de su lengua. Expulsado de Rusia, de Alemania, de Francia, acosado por los simétricos totalitarismos nazi y bolchevique, Nabokov resbalaba fundamentalmente sobre las lenguas europeas, desgarrándose de ese ruso del que Solzhenitsyn le proclama prosista incomparable hacia un imposible damero maldito de idiomas estructurado sobre el basamento del inglés. De algún modo, Nabokov ha renunciado a convertirse en un *buen* escritor anglosajón, como logró ser Conrad, pues esto supondría desistir de su condición de exiliado y asimilarse definitivamente a su lingüística patria adoptiva; por eso conserva en sus novelas fragmentos en diversos idiomas, descoyunta los significados trasladándolos de una lengua a otra, traduce y retraduce cada párrafo como el malabarista que trastoca fulminantemente la posición de las cáscaras de nuez hasta que somos incapaces de decir dónde se oculta el esquivo guisante. Parece como si el inglés fuera en lo idiomático lo que Estados Unidos en lo nacional, una abstracta estructura en la que se hacen compatibles diversidades europeas de las que recibe su vitalidad: así al menos parece verlo el exiliado Nabokov.

(...) Nabokov sólo quería un idioma fijo para exhibir mejor la irreductible diferencia de los otros y un pasaporte americano para conquistarse sin disputa el derecho a no estar en ningún sitio. Tal es la ética de ese destierro que Nabokov ha decidido transformar en estilo. Representante demasiado lúcido de los ciudadanos de naciones que ya no son patrias, de los hablantes de lenguas de impura vitalidad mezclada de quienes renuncian a toda palabra con mayúscula para que les dejen seguir jugando a lo que les gusta, Nabokov es el más contemporáneo de los novelistas. Y quizá también el más grande.

La novela titulada *Barra siniestra* es la primera en que Nabokov asumió su exilio lingüístico y se decidió a escribir en inglés. Un inglés esmaltado de ruso, de alemán, hasta de latín, una especie de *volapük* de envidiable maestría barroca. El largo, conscientemente autoirónico prólogo nos instala desde la entrada en la pura reflexión sobre el estilo. Nabokov insiste en que se trata de escribir y nada más: no hay mensaje, no hay alegoría, no hay Ideas... La delegación vienesa no está invitada. «No me interesa la sátira, ni la política ni la economía; no me preocupan la bomba atómica ni el Futuro de la Humanidad.» ¿Qué pensar de estas declaraciones tajantes, de esta apología sin rebozo del más descarnado *art pour l'art?* Me atrevo a prestar un testimonio dubitativo a título personal: me fastidia soberanamente todo experimentalismo literario, toda novela que exige para ser gozada afición a la semiología o un número extraordinario de *Tel Quel,* pero nada me divierte y me hace disfrutar tanto como los libros de Nabokov. Nada mejor urdido que sus tramas, nada tan permanentemente inteligente como sus ideas lanzadas al acaso, como el helado y terrible humor con que analiza las situaciones creadas. Leyendo a Nabokov se paladea sin duda el triunfo de un estilo fulgurante, pero también —tanto monta...— un concienzudo desarraigo de los tópicos morales que rigen el mundo, una visión implacable de lo que los hombres han hecho con los otros hombres o el destino con todos ellos, un áspero anhelo sólo a medias admitido de libertad y sinceridad de ánimo.

[...]

Creo que la gloria de Nabokov reside no tanto en haber explorado y devastado los límites exhaustos de la novela, como en haber prestado literariamente exquisita atención a cosas que perdurarán cuando haya muerto ésta.

Sobre vivir, págs. 153-155

Lovecraft: lo fantástico indecible

Dentro de la afición de Savater por la llamada literatura fantástica, Lovecraft ocupa un lugar de privilegio. Una de las principales razones es, seguramente, esa capacidad por callarse el hecho fantástico, pero sugiriéndolo, *ir preparando el relato para que llegado el momento el lector sepa apreciar, por sí mismo y sin que ninguna palabra se lo presente de forma explícita, el terror.*

* * *

Dijo un filósofo coetáneo de Lovecraft, el desconcertante Ludwig Wittgenstein, que «lo que no puede ser dicho, más vale callarlo». Esta frase podría ser, en cierto modo, el lema del truco estilístico más peculiar del propio Lovecraft. Para éste, la fantasía desemboca siempre en lo indecible; las palabras se agotan mucho antes de que la imaginación pura haya concluido su fulgurante viaje. Aún más: las palabras son obstáculos, tropiezos que dificultan o estancan la creación de lo realmente fantástico, remansándolo en tópicos conocidos, espantos vulgares, maravillas usuales. El mundo de lo *dicho,* en Lovecraft, es un mundo abrumadoramente cotidiano, de un realismo minucioso y casi testimonial en la mayoría de los casos; sólo aquí y allá podemos percibir el aroma de lo prodigioso, en una roca tallada demasiado antigua, en un libro semi-indescifrable, en diversos sucesos aislados cuya conexión lógica apenas nos atrevemos a formular. Poco a poco, según la fantasía va tomando velocidad para despegar definitivamente, lo *indecible* gana terreno, adquiere una presencia obsesionante en la escritura del narrador: los sustantivos desaparecen y son sustituidos por inconcretos pronombres, los adjetivos se van haciendo más y más abstractos, mientras que llega la gran noche de Walpurgis de los adverbios: desquiciadamente, abominablemente, inexorable y enloquecedoramente, se hacen dueños de todo el campo verbal, del que se van borrando los perfiles más definidos para difuminarse y entrar en un mundo de puros *modos,* de sensaciones invasoras entre las cuales crea la fantasía sus prodigiosas estructuras ya sin apoyo (ni obstáculo) de indiscretos comodines lingüísticos. Lo que no puede ser dicho es preferible callarlo, cierto, pero después de haberlo sugerido suficientemente y haber lanzado tras su pista a los sabuesos voladores de la imaginación.

Pero ¿de qué están hechos los terrores de Lovecraft, ya que las palabras no aciertan más que a sugerirlos? Asalta la sospecha racionalista de que el misterioso balbuceo en que desembocan frecuentemente las ficciones lovecraftianas cuando tienen que dar cuenta cabal de las Entidades míticas que las rondan no sea sino puro camelo de un escritor corto de recursos a la hora de la verdad, un prestidigitador que tras infinitos pases mágicos no logra sacar ninguna paloma de su sombrero pero astutamente pretende que en eso precisamente esté la gracia del juego de manos... Y sin embargo, aquí también el puro racionalismo se queda corto, como casi siempre. Podríamos decir que los terrores de Lovecraft están fabricados con un entramado extraordinariamente efectivo (desde un punto de vista literario) de *símbolos oníricos.* Los Innombrables son simbólicos en el sentido que Jung daba a la expresión, es decir, representan algo que no sabría decirse de ningún otro modo mejor, ni definirse cerradamente con palabras o conceptos; y estos símbolos son oníricos, esto es, están sometidos a una lógica particular según la cual ninguna imagen puede separarse de la intensidad emotiva que la acompaña y le da su sentido.

[...]

Para definir a los Innombrables las palabras no bastan porque lo importante de ellos no son sus formas, su color, su número de cabezas o la materia de que están hechos, sino el conjunto de pasiones atávicas que simbolizan, los presagios amenazantes o el pasmo fatídico que en ellos encuentran cifra y conjuro. Es en la descripción de esos movimientos del alma en lo que destaca Lovecraft, en la creación de un clima hecho de sentimientos y zozobras; cuando la Bestia por fin aparece, ya no hace falta describirla, porque no es más que lo que el lector está *sintiendo* en ese preciso momento de su lectura. Cualquier precisión verbal, cualquier detalle malvenido sólo lograría distraerle del espacio terrible, infinito y helado que se abre en él mismo y donde hunde sus raíces la verdad de todos los cuentos. Como le ocurrió al desventurado «extraño» de Lovecraft, el monstruo que alza su forma abominable frente a él no es sino su reflejo especular: distinto para cada uno, sólo cada uno podríamos, en un susurro osado, describir el rostro irrepetible de nuestro miedo.

Sobre vivir, págs. 156-158

El siglo de Groucho

Si existe algo realmente subversivo, algo realmente filosófico —en el preciso sentido de no aceptar como indudable más que la capacidad de ponerlo todo en duda, sobre todo, a sí mismo—, eso es la risa. La figura de Groucho Marx implica la ridiculización de lo impuesto, de todo lo que se acepta como incuestionable, es decir, tan serio que no puede ser tomado a broma. Savater entiende, con Groucho, que la seriedad puede llevar a considerar como trascendentales las más insignificantes minucias o arbitrariedades y, así, justificar cualquier cosa en su nombre.

* * *

Nadie puede saber con certeza qué figuras representarán en la imaginación de nuestros descendientes este siglo que hemos vivido y que ya comenzamos a despedir. ¿Proust, Kafka, Picasso? ¿Orson Welles, Bertrand Russell, Einstein? ¿Hitler y Stalin, con una mención a pie de página para Gandhi? En cualquier caso, si a mí me preguntaran desde el futuro con quién quedarse (consulta que no parece probable) yo les aconsejaría que optasen por Groucho y lo demás se lo dejaran a los especialistas. *El siglo de Groucho Marx:* con eso basta, realmente. Pero no tendremos tanta suerte...

[...]

Sin pretensión doctoral, porque eso también constituye mal síntoma, Groucho diagnosticó como nadie la peor plaga que hace estragos a nuestro alrededor y en cada uno de nosotros: tomarse demasiado en serio a sí mismo. El arrogante que sólo se reafirma humillando al vecino, el vanidoso que quiere que todo el universo esté pendiente de su capricho o de su look, el violento que está dispuesto a matar por su manía favorita (lo que él llama su *derecho, identidad, patria, proyecto de futuro,* etcétera), el rapaz convencido de que la menor de sus comodidades merece pagarse con una montaña de privaciones ajenas, el que se considera sabio porque tiene cien títulos y una oratoria pomposa o sublime...; todos ellos son casos terminales de seriedad letal, una seriedad centrada en la idolatría del propio ego. Y lo malo del que se toma en serio a sí mismo es que ya no tiene ganas ni tiempo para tomar un poquito en serio a nadie más. Porque lo único verdaderamente serio es que nada puede ser absolutamente serio, que todo monopolio de la seriedad es perverso, que la seriedad bien entendida empieza por cualquiera menos por uno mismo.

No hay seriedad autosuficiente que resista la cercanía de Groucho: su figura agachada y veloz de patinador loco funciona primero como detector de esa grave dolencia para luego servir de antídoto contra ella. Las personas que se toman a sí mismas con perfecta seriedad van muy erguidas, inflexiblemente tiesas... por fuera y por dentro. En cambio Groucho se desliza doblado entre los rígidos, como una alcayata sarcástica donde cada cual puede colgar el gorro de carnaval de su falsa cordura. En este mundo lleno de agitación y trajín, pero en el fondo desoladoramente *pasivo* porque cada cual no hace más que imitar los deseos ajenos, Groucho es una fiera *dinámica* que produce sin cesar cortocircuitos en todas las rutinas con las que se enfrenta, sea en unos grandes almacenes o en un transatlántico, en plena guerra o en una despiadada escena de amor. Su lenguaje irreverente, inconsecuente e imprudente puede que no sea un arma cargada de futuro, pero desde luego hace volar en confeti cualquier presente vigente y decente. A lo que más se parece es a ese tren del Far West que alimenta sus calderas con la sustancia de sus propios vagones y que corre fuera de las vías libremente, a través del campo. ¡Más madera y menos martirio!

Groucho Marx es el único personaje del mundo moderno con el que hubiese simpatizado Diógenes, que también debía de andar algo encorvado de tanto habitar en un tonel; Groucho es Oscar Wilde, pero sin darle importancia ni siquiera a llamarse Ernesto, es el Newton que descubrió la ley de la falta universal de gravedad y luego se comió la manzana, es como Proust pero sin tiempo que perder, es Marx aunque sin renunciar a ser Groucho.

Para llorar puedes esconderte en un rincón donde nadie te vea, pero reír necesita cómplices. O, lágrimas aparte, recordemos lo indicado por R. L. Stevenson: «Si lo deseas, puedes leer a Kant tú solo; pero una broma tienes que compartirla con alguien más.» Groucho compartió las suyas con sus muchos hermanos: con Chico, Harpo y Zeppo, con la incombustible Margaret Dumont, con Louis Calhern (el hombre que se perdió en *La jungla del asfalto* por culpa de Marilyn Monroe y en Roma por culpa de los idus de marzo), con niños negros o tenores italianos, con los espectadores presentes y venideros. Desde hace más de un siglo, todos formamos parte de los hermanos Marx.

Despierta y lee, págs. 183-186

Guillermo Brown, el proscrito

Guillermo Brown pertenece, en la memoria de Savater, al ámbito de la leyenda. Es el placer subversivo e inesperado, siempre presente por más que los años le vayan ganando terreno a todos, menos a él. Milagro de la literatura infantil, representa en buena medida lo que Savater entiende como héroe ético: responsable, por asumir por sí mismo la toma de decisiones, y libre, por no dejarse llevar por nada externo, ni siquiera, o menos que nada, por la probable derrota.

* * *

Siempre que encuentro alguien más o menos de mi edad, de gustos teóricos o éticos semejantes a los míos, alguien, en suma, que entiende la vida como yo (es decir, que no la entiende en absoluto), no tengo que bucear mucho tiempo en lo más íntimo y congenial de sus recuerdos para que aparezca, nimbado de gloria, Guillermo Brown. Es nuestro punto de referencia común, el único precedente necesario, de cuyo ejemplo vibrante no sabríamos prescindir: es el eslabón perdido por el que permanecemos unidos a una dicha tan lejana que ya parece imposible. ¡Guillermo Brown! Nadie, ni Tarzán, ni Sandokán, ni siquiera Sherlock Holmes nos es tan vinculante, nos *explica* tan profundamente. A los demás se les puede releer, se les puede cariñosamente desmitificar, se puede volver sobre ellos de un modo u otro, por el pastiche afortunado o la recreación cinematográfica: pero Guillermo no necesita segunda vez, no hay que hacer esfuerzo alguno para mantener vivo su culto. Basta con haberle conocido a tiempo, cuando teníamos esos once años incorruptibles que él eterniza, para conservarle siempre sentado en la alfombra del alma, jugando con su escopeta de corchos o chupando pensativo una enorme barra de regaliz. Sería blasfemo considerarle sencillamente como un acierto literario, lo que, indudablemente, *también* es; pues ante todo, Guillermo es la esperanza misma de que nunca nos faltará ánimo para salir del hoyo, el nombre del ímpetu que libera de lo irremediable, la voz del clarín que nos reclama para la liza y nos convoca a la victoria. *Extra Guillermo nulla salus:* tal es la divisa de quienes juramos por el único anarquista triunfante que los tiempos han consentido, el capitán indiscutible de los proscritos.

Yo creo que parte del éxito de Guillermo estribaba en el lamentable aspecto de la señora de mediana edad, amiga de nuestra madre, que nos regalaba el primero de sus libros. Uno tenía, naturalmente, el más profundo y justificado desprecio por esa insulsa monstruosidad, tan grata a los mayores, conocida como «un libro para niños», libelo que solía mezclar en amalgama detestable un argumento capaz de asquear al oligofrénico peor dotado, algún consejo moral, derivado de la más rastrera idiotez o del sadismo, y unas ilustraciones cuyo mérito artístico consistía en aunar nefastamente los colores más chillones y el dibujo más relamido. Ése era, precisamente, el tipo del libro que uno esperaba de la señora de marras, y cuando en alguno de nuestros diez primeros cumpleaños nos ponía en las manos el paquetito diciendo: «Te gustará mucho, pequeño, es un libro muy *bonito* para ti», la inmediata y más lógica reacción era tirar el sospechoso obsequio a la basura. Pero, afortunadamente, no lo hicimos. Rasgamos el papel y allí estaba Guillermo, ni más ni menos. Al principio, su aspecto confirmó nuestras peores previsiones: ¡vaya, eran las historietas de un *niño!* Es preciso hacer notar que lo más infame de los «libros infantiles» eran los niños que, invariablemente, los protagonizaban: obedientes hasta la esclavitud o traviesos hasta el crimen, afortunados o desdichados sin haber llegado a merecer ninguno de estos destinos, pacientes de la furia ejemplar de unas Tablas de la Ley que habían decidido ilustrarse a su costa, propensos a las más vacuas ocupaciones y a los juegos menos atractivos, rematadamente *estúpidos* por decirlo todo de una vez... ¡Ah, cuántas veces tuvimos luego ocasión de reírnos por haber podido pensar que

Guillermo pertenecía a esa deleznable piara! ¡Y cuánto disfrutamos con el trato que el gran proscrito reservaba para los alevines de monstruo, vagamente emparentados con los usuales protagonistas de los libros para niños, que tenían la desgracia de cruzarse en su camino! La sorpresa que la lectura de Guillermo nos deparó multiplicó, de salida, nuestro entusiasmo por él: era el sol que sale por occidente cuando más lo necesitamos, lo improbable realizándose a nuestro favor... ¿Qué afortunadísimo error, qué ironía secreta de los dioses pudo incitar a la perfumada y latosa señora, cuyo gusto, en todos los campos del espíritu, no podía ser verosímilmente peor, a regalarnos aquella inusitada maravilla? Era como si un policía regalase ganzúas, como si un vampiro se ofreciese voluntario para donar sangre... Pero luego aprendimos, leyendo las aventuras de Guillermo, precisamente, que el mundo está lleno de estrafalarias señoras, tras cuyo alarmante aspecto se esconde la buena suerte, esperando que la dejemos acercarse a nosotros. ¡Salve, vieja dama indigna, hada madrina —hoy ya lo sabemos— que nos trajiste un día de improviso a Guillermo, como para advertirnos de que lo más precioso llegará siempre así, sin esperarlo, sin que casi seamos capaces de creer que realmente ha llegado! ¡Vuelve cuando quieras, pero no dejes de volver! ¡Que un día, tras el dulce que ya empalaga a la fatigada caricia, en esa hora de la que ya nada esperamos, salvo hastío, surja de nuevo el prodigio y resucite el milagro, tal como en aquella lejana ocasión un desesperado «libro para niños» se convirtió en la refulgente leyenda de Guillermo Brown!

[...]

Guillermo no enseñaba a pedir, sino a estar alerta, con paciencia y vocación de buena suerte. Bastaba que él estuviera presente para que la aventura contase con las máximas probabilidades favorables; era un pararrayos de la fortuna, el gran proveedor de la sorpresa, el señor indiscutible de la oportunidad aprovechada. ¿Era? Me cuesta hablar de Guillermo en presente: será que temo contagiarle de mi miseria actual, de la abyecta sumisión de quien ha crecido... ¿Complejo de Peter Pan, síndrome de Guillermo Brown? No faltan nombres a los idiotas para envilecer la punzada abrasadora de la rebelión contra el tiempo, para justificar como «normalidad» la decadencia de la carne y del alma, el pacto con la resignación y el acomodo al espanto, la dimisión de la vocación de riesgo, de la opción por la hermandad, la entrega al prestigio de lo irremediable, la traición a la generosidad: el olvido culpable de Guillermo.

[...]

¿Os revelaré, finalmente, el secreto de la andadura victoriosa de Guillermo? Aquí está. En cada caso, en todo momento, Guillermo es capaz de adoptar el punto de vista del héroe. La leyenda que incesantemente cuenta, a los suyos y a sí mismo, está narrada desde el punto más alto, desde la cima triunfal, en la que todo adquiere enérgico sentido, incluso —principalmente— la derrota. Sus enemigos, los míseros Hubertos Lanes y Heribertos Franks que corren por el mundo, juegan con todas las ventajas que da el dinero adquirido sin mérito ni astucia y el apoyo incondicional de lo estatuido; pero carecen de lo más importante, de lo indispensable para la victoria, del ánimo que inmortaliza: no logran adoptar en sus manejos el punto de vista del héroe. Es una perspectiva máximamente arriesgada, que bordea constantemente lo desesperado, que debe estar incesantemente dispuesta a jugarse el todo por el todo, a no guardarse las espaldas, pero es la única que puede aspirar a la definitiva recompensa, al premio que no le viene de fuera, sino que forma parte de ella, que *es* ella misma, por así decirlo. Guillermo, en lo esencial, nunca vacila: ésa es su magia.

[...]

El punto de vista del héroe: ahí está el secreto. Sin él, sólo se puede ser persona de provecho, hombre de mundo, reformador bienintencionado de la sociedad, pero con él se puede ser todo eso y cualquier otra cosa, pirata, piel roja, oso, conquistador, detective, dragón, rebelde, proscrito, incomprendido, genial, como Guillermo Brown.

La infancia recuperada, págs. 81-93

Aforismos

¿Acaso puede hablarse de algo que no sean palabras? (...) Al desmitificar las palabras, al mostrar su juego y su relatividad, su contradicción y su límite, se impide que sean tomadas como absolutas: en cuanto son tomadas como absolutas, las palabras se transforman en obstáculos para las dimensiones inefables de la vida —que son quizá las más intensas y las más liberadoras.

F. Savater

Lo que acaba es como si no hubiese empezado, lo que pasa, como si no hubiera sido. ¡Qué vulgaridades irrefutables, insuperables! ¡Y pensar que ni mil milenios más de sabiduría lograrán conmoverlas, profundizarlas o aliviarlas! Que lo esencial sea tan claro y no tenga vuelta de hoja es casi una humillación para nosotros, sofisticados por el lenguaje y el hastío.

Diario de Job, pág. 151

He sido fundado en lo sin fondo.

Diario de Job, pág. 175

Pienso en las rosas, en los desafíos, en la niebla; pienso en los viajes, en el mar. Pienso en todas las palabras y trato con desesperación de añadirles imágenes y perfumes. Se deslizan, se van. Lo pierdo todo. Vuelven luego pálidamente algunas, como si me hicieran señas de despedida a lo lejos, mientras la corriente se las lleva; son las voces que se marchan. Ya nada es mío: yo soy de la nada.

Diario de Job, pág. 179

Nada en el amor es para siempre porque todo ocurre fuera del tiempo.

Diario de Job, pág. 66

Desafiar lo inevitable y, sin esperanza siquiera, revocar lo irreversible.

Diario de Job, pág. 176

Son el miedo y la desazón quienes mejor se las arreglan para permanecer.

Diario de Job, pág. 183

No estoy tan cristalizado como para morir, no tengo suficiente entidad.

Apología del sofista, pág. 31

Ensanchar la infinitud angosta de la vida para rebajar cuanto podamos la anchura agobiante de la muerte.

Las preguntas de la vida, pág. 227

Me interesa la ética porque hace la vida humanamente *aceptable;* y la estética porque la hace humanamente *deseable*.

¡Pensar la de tiempo que hemos pasado, mañana tras mañana, frotando con un cepillo los dientes de nuestra *calavera!*

Fue dichoso en cuanto renunció a la felicidad.

Ciertas líneas literarias que conozco de memoria —el dístico de Simónides («caminante que vas hacia Esparta...») o las últimas palabras de Otelo, por ejemplo— me avergonzaría llegar a ser capaz de repetirlas sin lágrimas en los ojos.

Sufrió un accidente y *nació*.

Debemos preguntar —siempre— con los filósofos y responder —de vez en cuando— con los científicos.

El desarrollo físico y el intelectual se parecen en que ambos exigen mucho tiempo empleado en ejercicios. Pero difieren en que la gimnasia o el entrenamiento atlético son muy aburridos, mientras que la exhibición del cuerpo que resulta es gloriosa; en cambio, lo mejor de la vida intelectual es la preparación —leer, estudiar, pensar, dialogar con los sabios—, pero la demostración final de lo adquirido (oposiciones, conferencias, tratados magistrales...) es tan fastidiosa y monótona como hacer mil flexiones.

En este mundo de herramientas y necesidad, el juego es lo que más se nos parece: tampoco sirve para nada.

La mayor tontería del año, proferida por el crítico halagador: el gran metafísico ha conseguido con su último libro un aforismo de quinientas páginas...

La unión de esa comunidad que denominamos (que siniestramente otros denominan) *pueblo* se basa en su esencia o su naturaleza; los ciudadanos, en cambio, permanecen unidos —¿frente al pueblo?— por sus derechos.

Abandonado a la pura y divina libertad de su naturaleza, el hombre amablemente inteligente sólo leería a Chesterton.

El hombre mira, pero no ve; cuando ve, no alcanza; si alcanza, no puede retener. (Desconfiar de este tipo de sentencias que empiezan diciendo: «El hombre...»)

Lamentamos el acabarse de la vida como los niños lloran al final de la larga tarde de cumpleaños que se les ha pasado en un vuelo, sin querer volver a casa a pesar de tener ya mucho sueño y nada nuevo a que jugar.

¿En qué consiste ser *positivo?* Positivo es el que cuando no tiene se enorgullece de no tener y cuando tiene se complace en conservar.

¡Y pensar que el interés por la filosofía comienza con el sobrecogimiento ante el abismo de la muerte inexorable y concluye buscando *bibliografía!*

¿Ideas? Así llamamos a prolongar rutinas adquiridas, obcecarnos en combinaciones de palabras que entraron por el altavoz de las orejas, atrincherarnos —los más originales— en algún capricho. La idea, cuando llega, nos agarra por el cuello y no nos permite la vanidad ni el respiro. Se nota que es una idea porque nos quiebra. Las ideas no nos dejan hacer pie. Por eso es un alivio que escaseen y preferimos llamar *pensar* a calcular gastos y beneficios. «Si se presiente un abismo bajo la verdad, uno se aferra a la mentira y a la injusticia» (Heinrich Mann).

Lo envidiable de la belleza es que no necesita explicaciones.

Primer esbozo de epitafio: «Sus palabras a veces le ayudaron o ayudaron quizá a otros, pero no salvaron a nadie, ni siquiera a él mismo. Perdurarán durante breve plazo retazos suyos, repetidos por quienes quisieron malinterpretarle y los que le malinterpretaron porque le quisieron. Cabe proponer una enmienda cósmica, aunque a él ya no le beneficie por carecer de efectos retroactivos: los que disfrutan lo siempre poco de la vida sin plantear quejas ni exigir requisitos merecen una segunda oportunidad.»

Despierta y lee, págs. 340-344

BIBLIOGRAFÍA

Nihilismo y acción, Taurus, Madrid, 1970.
La filosofía tachada, 1971, en *La voluntad disculpada,* Taurus, Madrid, 1996.
Apología del sofista y otros sofismas, Taurus, Madrid, 1973.
Así hablaba Nietzsche, 1973, Ediciones Áltera, Barcelona, edición de 1996.
De los dioses y del mundo, 1975, en *La voluntad disculpada,* Taurus, Madrid, 1996.
La filosofía como un anhelo de la revolución y otras intervenciones, Endymión, Madrid, 1976, edición de 1997.
La piedad apasionada, Sígueme, Salamanca, 1977.
Panfleto contra el Todo, Dopesa, Barcelona, 1978.
Invitación a la ética, Anagrama, Barcelona, 1982.
La tarea del héroe, 1982, en *La voluntad disculpada,* Taurus, Madrid, 1996.
Diario de Job, Cátedra, Madrid, 1983.
Las razones del antimilitarismo y otras razones, Anagrama, Barcelona, 1984.
Humanismo impenitente: diez ensayos antijansenistas, Anagrama, Barcelona, 1990.
Ética para Amador, Ariel, Barcelona, 1991.
Política para Amador, Ariel, Barcelona, 1992.
Sin contemplaciones, Libertarias, Madrid, 1993.
Sobre vivir, Ariel, Barcelona, 1994.
Diccionario filosófico, Planeta, Barcelona, 1995.
Idea de Nietzsche, Ariel, Barcelona, 1995.
La infancia recuperada, Taurus, Madrid, 1995.

Libre mente, Espasa Calpe, Madrid, 1995.

Fernando Savater: El arte de vivir. (Un diálogo apasionante sobre los temas más candentes de este fin de siglo), Planeta, Barcelona, 1996.

El valor de educar, Ariel, Barcelona, 1997.

Despierta y lee, Círculo de Lectores, Barcelona, 1999.

Las preguntas de la vida, Ariel, Barcelona, 1999.

ESTE LIBRO SE TERMINÓ DE IMPRIMIR
EN EL MES DE JULIO DE 2002
EN MADRID EN COFÁS